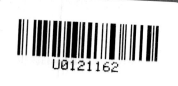

国家出版基金项目
NATIONAL PUBLICATION FOUNDATION

海上絲綢之路文獻集成

總主編 陳支平 陳春聲

歷代史籍編

10

主編 范金民

海峽出版發行集團
THE STRAITS PUBLISHING & DISTRIBUTING GROUP
福建人民出版社

本册目次

諸蕃類考不分卷（二）

〔清〕佚名纂

諸蕃類考目錄

諸蕃類考 西洋

占城國

永樂七年太宗皇帝命正使太監鄭和王景弘等統官兵二萬七千餘人駕海舶四十八號往諸番國開讀賞賜是歲秋九月自太倉劉家港開船十月至福建長樂太平港停泊十二月於五虎開洋張十二帆順風十晝夜至占城國其國臨海有港曰新州西抵交趾北連中國地海船到彼其酋長頭戴三山金花冠身披錦花手巾臂腿四腕俱以金鐲足穿玳瑁履腰束八寶方帶如粧塑金剛狀乘象前後擁番兵五百餘或執鋒刃短鎗或舞皮牌槌鼓吹椰殼筒其部領皆乘馬出郊迎詔下象膝行

匍匐感恩奏貢方物其國所産巨象犀牛甚多象牙犀角廣貨別國棋楠香在一山所産酋長差人禁民不得採取犯者斷其手烏木降香樵之為薪天無霜雪氣候常熱如夏草木長青隨花隨結煮海為鹽禾稲甚薄國人惟食檳榔裹蔞葉包蠡殻灰行住坐臥不絕於口不解正朔但看月生為初月晦為盡如此十次盈虧為一歲晝夜善槌鼓十更為法酋長及民下非至午不起非至子不睡見月則飲酒歌舞為樂酋長所居屋宇門墻俱甎灰甃及以堅木雕鏤獸畜之形為華外周磚垣亦有城郭兵甲之防藥鏃刀標之屬其部領所居亦分等第門高有限民下編茅覆屋魚不腐爛不食釀不生蛆不為美酒以米拌藥丸

乾和入甕中封固如法收藏日久其糟生蛆為佳醞他日開封用長節竹幹三四尺者插入糟甕中或團坐五人量人入水多寡輪次吸竹引酒入口吸盡再入水若無味則止有味留封再用酋長歲時採生人膽入酒中與家人同飲又以浴身謂之通身是膽尸頭蠻者本是婦人但無瞳神為異其婦與家人同寢夜深飛頭而去食人穢物飛回復合其體即活如舊若知而封固其項或移體別處則死矣人有病者臨糞時遭之妖氣入腹必死此婦人亦罕有民間有而不報官者罪及一家番人戲之觸弄其頭必有生死之恨男女椎髻腦後花布纏頭上穿短布衫腰圍花布手巾其國無紙筆以羊皮搥薄熏黑削細竹為筆

蘸白灰書字若蚯蚓委曲之狀言語燕鵲全憑通事傳譯

靈山　其處與占城山地連接其山峻嶺而方有泉下繞如帶山頂有一石塊似佛頭故名靈山民居星散結網爲業田肥耕種一歲二收氣候之節男女之禮與占城國大同小異地產黑文相對藤杖每條易斗錫一塊若麤大而紋疎者一錫杖三條次有檳榔蔞葉餘無異物往來販舶必於此樵汲舶人齋沐三日崇佛誦經燃放水燈綵船以禳人船之災

崑崙山　其山節然瀛海之中與占城及東西竺鼎峙相望山高而方山盤廣遠海人名曰崑崙洋凡往西洋販船必待順風七晝夜可過俗云上怕七洲下怕崑崙針迷舵失人船莫存此山產無異物人無

居竄而食山果魚蝦究居樹巢而已　賓童龍國　其國與占城山地連接有雙澗水澄清佛書所云舍衛乞食即此地也目連所居遺址尚存人物風土草木氣候與占城大同小異惟喪事能持孝服設佛而度死者擇僻地瘞之婚姻偶合酋首出入或象或馬一如占城王從者前後百餘人執貨讚唱曰亞曰僕地產棋楠香象牙貨用金銀花布之屬民下編茅覆屋以居　右費信星槎勝覽

其國即釋典所謂王舍城也在廣海南大海之南自福建福州府長樂縣五虎門開船往西南行好風十日可到其國南連真蠟國接交址界東北俱臨大海國之東北百里有一海口名新

州港岸有一石塔為記諸處船隻到此艤泊登岸岸有一寨番設比奈二馬頭為主番人五六十家居內以守港口去西南百里到王居之城番名曰占城其城以石壘門四門令人把守國王係鎖俚人崇信釋教頭戴金級三山玲瓏花冠如中國中淨之樣身穿五色線細花番布長衣下圍色絲手巾跣足出入騎象或乘小車以二黃牛前拽而行頭目所戴之冠用茭蕈葉為之亦如其王所戴之樣但以金綵粧飾內分品級高低所穿顏色衣衫長不過膝下圍各色番布手巾王居屋宇高大蓋細長小瓦四圍墻垣用磚灰包砌甚潔其門以堅木雕刻獸畜之形為飾居民房屋用茅草蓋覆簷高不過三尺躬身低入高者有

罪服色紫白衣惟王可穿民下黄紫色並許穿衣服白者死罪國人男子髼頭婦人椎髻腦後身體俱黑上穿禿袖短衫圍色絲手巾俱赤脚氣候煖熱無霜雪常如四五月之時草木常青山產伽藍香觀音竹降真香烏木甚潤黑絕勝他國出者伽藍香惟此國一大山出產天下再無出處其價甚貴以銀對換觀音竹如細藤棍樣長一丈七八尺如鐵之黑一寸有二三節他所不出犀牛象牙甚廣其犀牛如水牛之形大者有七八百斤滿身無毛黑色俱生鮮甲紋癩厚皮蹄有三跲頭有一角生於鼻梁之中長者有一尺四五寸不食草料惟是刺樹刺葉併食大乾木抛糞如染坊黄櫨楂其馬小如驢水牛黄牛俱有鷄鴨

稀少雞矮小至大者不過二斤脚高寸半及二寸止其雄雞紅冠白耳窠腰窽尾人拏手中亦啼甚可愛也果有梅橘西瓜甘蔗椰子波羅蜜芭蕉子之類其波羅蜜如冬瓜之樣外皮似川荔枝皮内有雞子大塊黄肉味如蜜中有子如雞腰子樣炒吃味如栗子蔬菜則冬瓜黄瓜葫蘆芥菜葱姜而已並無他物多以漁為業少耕種所以稻穀不廣土種米粒細長多紅者大小麥俱無檳榔荖葉人不絶口而食男女婚姻但令男子先至女家成親畢過十日或半月其男家父母及諸親友以鼓樂迎取回家則置酒作樂其酒拌藥封於甕中候熟欲飲則以長節小竹筒長三四尺者插入酒甕中環坐照人數入水輪次咂飲吸

乾再添入水而飲至無味則止其書寫無紙筆用羊皮搥薄或樹皮薰黑摺成經摺以白粉載字為記國刑罪輕者以藤條杖脊重者截鼻為盜者斷手犯姦者男女烙面成疤痕罪甚者以硬木削尖立於小船樣木上放水中令罪人坐於尖木之上木從口出而死就水上以示衆其日月之定無閏月但十二月為一年晝夜分為十更用鼓打記其王年節日用生人膽汁調水沐浴其各處頭目採取進納以為貢獻之禮其國王為王三十年則退位出家令弟兄子侄權管國事王往深山持齋受戒或吃素獨居一年對天誓曰我先為王在位無道願狼虎食我或病死之若一年滿足不死再登其位復管國事國人呼為昔嚓

馬哈剌此至尊至聖之稱也一屍致魚本是人家一婦女也但
眼無瞳人為異夜寢則飛頭去食人家小兒糞其兒被妖氣侵
腹必死飛頭回合其體則如舊若知而候頭飛去時移體別處
回不能合則死於人家若有此婦不報官除殺者罪及一家再
有一通海天潭名鱷魚潭如人有爭訟難明之事官不能決者
則令爭訟二人騎水牛赴過其潭理虧者鱷魚而食之理直者
雖過十次亦不被食最可奇也其海邊山內有野水牛甚狠原
是人家耕牛走入山中自生自長年深成羣但見生人穿青者
必趕來抵觸而死甚惡也番人甚愛其頭或有觸其頭者如中
國殺人之恨其買賣交易使用七成淡金非銀中國青磁盤碗

等品紵絲綾絹燒珠等物甚愛之則將淡金換易常將犀角象牙伽藍香等物進貢中國馬驩瀛涯勝覽

占城古越裳秦林邑漢象林漢末區連殺縣令自稱林邑王遂不入版圖唐元和初改號占城宋淳熙中襲破真臘復讐殺幾盡更立真臘人爲主洪武二年遣吳用顔宗魯楊載等使占城爪哇日本等國賜王璽書是年遣使蒲旦麻都朝貢言安南侵境上遣使招諭安南罷兵是年國主阿答阿者遣虎都蠻來朝貢虎象遣中書省管勾甘桓會同館副使路貢賢封阿答阿者爲占城國王賜大統曆金綺四年阿答阿者遣班爪卜農奉金葉表朝貢言安南數侵境乞賜兵器樂人俾安南知我有聲

敎所被輸貢之地不敢輙欺負上憐之命中書省咨王言交阯有道事上以誠占城安南既皆臣事朝廷豈可擅兵相毒即咨安南令其罷兵兵器不爾吝但以安南故賜爾是助爾搆兵也樂器有聲律華夷方言本異中國人不可遣遣爾國人能習華音者來習肄十六年遣子來賀聖節賜勘合文冊二十四年使至以臣弑君故絶之永樂四年王占巴鎖里人勅王的賴得黎賊父子及其黨惡即械送京尚書陳洽在南交軍中馳奏占城國王占巴的賴奉命出兵討安南陰懷二心愆期不進及進至化州輙肆虜掠又以金帛戰象資季擴季擴亦以黎蒼女遺之復約季擴舅陳翁挺等三萬餘人復侵升華府隸四州十一縣

地驅掠人民罪下李擴一等耳請發兵討之上以交趾初平不欲窮兵遠夷遣使諭王歸我侵地永樂後遣人朝貢令三年一貢正統六年國人請封其嗣王遣使冊封成化中遣使冊封正使卒海上副使論罪戍邊其國在大海南南距真臘西距交趾東北際海自閩長樂五虎門西南行順風可十日至東北百里海口立石塔為標舟至是繫焉俗獷悍果于戰鬬尚釋教王冠三山金花玲瓏冠衣白跣足乘象或黃犢車臣茭葉冠男蓬頭女後椎結所居茅茨不得逾三尺衣紫衣衣玄黃罪死出入乘象馬粒食亦鮮食殺牛祭鬼驅象逐邪市用金銀焚衣祭天釀酒甕中俟熟賓主繞甕坐筒而咂且咂且注水味盡而止文書

用羊皮及黑木皮無閏月晝夜各分五十刻王當賀日沐人膽汁將領献人膽為賀王在位三十年即入山茹素受戒令子姪攝國居一歲顴天矢日道我不道當充虎狼食或病死朞年得無恙復入為王於是國人呼為芳㗾馬哈剌扎云有號屍致魚者婦人也目無瞳夜飛頭入人家食小兒穢氣侵兒腹兒即死頭返合體如故失其體不得合即死夫不聞者罪之産金銀錫鐵獅象犀牛瑇瑁諸香朝霞大火珠菩薩石薔薇水猛火油檳榔諸文異木胡椒白藤吉貝綵絞白氎布孔雀山雉伽南香唯此地有之價亦高觀竹如藤長丈八尺許色黑如鐵寸二三節犀角象牙最多犀如水牛大者八百斤體黑無毛蹄有三跲獨

角在鼻端長者可尺五寸馬小於驢波羅蜜形如東瓜鄭曉吾學編

占城古越裳氏秦漢為象林縣漢末區連殺縣令自稱林邑王唐為環國王元和初寇安南都護張舟敗之遂棄林邑徙居占因占城淳熙中襲破真臘旋為真臘所破俘殺幾盡更以真臘人為王嘗執元使之往暹羅者元遣使將攻之乃輸款洪武二年國王阿荅阿者遣使入貢言安南侵境上命編修羅復仁主事張福詔諭二國各罷兵是年封阿荅阿者為占城國王頊之拿兵如故上屢諭解之仍頒諭科舉詔於其國四年遣答班欣卜農入貢請兵器樂工欲令安南知為中國所厚得毋攻上謂兵器所以教爭其勿予樂工則遣彼國之通華言者来習阿荅阿

者尋為其臣閣勝所殺永樂四年國王占巴的賴請征安南會黎賊誘殺我使臣及故王孫陳天平上遂發兵討之占城亦掠其界上復取所侵地安南平尚書陳洽言占城計唇齒懷兩端以金帛戰象資黎賊罪下季擴一等宜併誅上不欲窮兵諭令悛改其後入貢稍益謹宣德七年賜勅褒嘉之而暹羅使者以其前使及番伴百餘人為占城拘留訴於朝正統元年占城使至詔令還所留暹羅諸人及我軍之往西洋未歸者定三年一貢視暹羅諸六年占巴的賴卒遣使封其孫摩訶賁該嗣王摩訶賁該立連歲貢上令遵近制因詰前詔何久不報未幾摩訶賁該為之南所虜摩訶貴來請代立從之隨遣使貢稱先王有

命責必歲共其官軍及暹羅人蹤跡之不得摩訶貴来卒弟摩訶貴由嗣摩訶貴由卒子槃羅茶全嗣皆請于朝成化八年王弟槃羅茶悅遣使槃沙来告急言安南黎灝虜其王及印去遂命茶悅嗣王以給事中陳峻行人李珊往使至則茶悅復被虜地入安南峻等不敢入閩至滿剌加市易歸十四年復遣給事中馮義行人張瑾封齋亞麻勿庵爲王未至而齋亞勿庵卒義等即以詔印授其國人提婆苔提婆苔者安南所立僞王也而齋亞麻勿庵之弟古来方請封於是禮臣劾使者擅封罪義已前死瑾謫戍乃遣使封古来嗣王使者行至粤屬古来迫於安南来奔撫臣以聞遂令受封於粤遣兵護之歸仍詰責安南迄

其侵地弘治元年遣弟卜古良入謝且言安南侵掠無已時乞兵衛其國復欲大臣往爲講解辭甚哀上意憐之然中違羣臣議不許已請傳國於子沙古卜洛詔以世子攝國事正德八年古來卒沙古卜洛嗣給事中李貫憚往封以無通事諸人爲解致命於其使而歸沙古卜洛卒沙日底立自後使者罕至占城貢亦浸疏爲其地自廣州發舟順風八日可至與安南爲鄰相攻伐不休急則控於我蓋獷悍好戰鬬固其習也王冠三山金花玲瓏冠衣白跣足乘象或黄犢車臣茭葉冠男蓬頭女後椎結民居茅茨不得踰三尺衣白者死紫玄黄皆不禁粒食亦鮮食日三五浴薰以諸香釀酒甕中賓主繞甕坐筒而咂且咂且

注水味盡而止刑輕者藤杖重者繫於樹用梭槍舂喉而殊其首若殺人劫財則象蹴之書用羊皮及黑木皮能通中國文字其詞翰往往有傳者山川則不勞山金山物產則大火珠菩薩石薔薇水猛火油奇南香生金吉貝海牛海棗觀音竹千步草婦人魚海鏡寶母澄冰珠相傳王當賀日沐人膽計在位三十年即入山居一年無恙乃復又有婦人號屍致魚目無瞳夜飛頭食小兒穢氣迺合如故失其體則不得合此為最異也焦竑獻徵錄

占城古曰占不勞國在廣東東北古越裳界本秦象郡林邑縣地漢分為二縣屬日南郡漢末有區連者殺縣令稱林邑王唐

時諸蕃地取之後為都護張舟所擊破徙居占城宋時襲破真臘反為真臘所滅名國曰占臘太祖即位方遣使詔諭其國王阿答阿者已遣使者虎都蠻貢虎象稱賀使歸命行人送之賜璽書曰虎都蠻至奉虎與象朕悉王篤誠然王使未至朕使已在途矣正欲報王不期王先朕甚嘉焉賜王明曆一織金綺紗羅絹四其國數為安南所侵三年來言上遣翰林編脩羅復仁兵部主事張福詔諭并諭安南曰朕有天下海外諸國安南臣服最先高麗次之占城又次之占城使來言國被安南兵朕心惻爾朕遠不能知兩國是非念爾兩國封疆匪令（今）斯天之限也爾兩國傳世久兩國前王必有遺訓朕為天下治亂持危

特諭爾知如果互兵上帝好生必非所悅宜聽朕命各遵其道詔至皆罷兵詔封阿荅阿者為占城王以其通文字須之科舉詔四年遣其臣來朝請給兵器樂器樂人使安南知其歸命本朝上曰兩國互爭獨與爾兵是助兵攻也樂器故同華夷音異可擇國中通華言者自來肄習之因諭福建行省毋征占城所挾資八年以其與爪哇蘓門荅剌西洋爪哇彭亨百花三佛齊渤尼諸國貢使所挾行商多行譎禁沮之十二年乃與為更始明年遣使入賀萬壽節復言與安南戰不利諭勅曰王為朕上壽甚厚萬里之外使者尅期至非王誠極意專來使篤命曷能有此覽表知復與安南交兵不利朕所以戒爾毋輕釁搆一勝一

負時當何休好殺兵也好生仁也維天惡兵維天好仁王再審之二十四年阿荅阿者為其臣門闍勝所殺上惡其弒立絕之永樂元年使告即位其王占巴的賴遣使來賀乞勅諭安南毋侵掠許之四年上征安南黎季犛令王助兵兵出遣使勅勞明年復安南所侵地獻俘貢謝詔獎之自是屢表貢七年命鄭和等往賜其國其酋長戴三山金花冠披錦花手巾穿瑇瑁履束八寶方帶臂腿四腕束金鐲前後擁蕃兵五百餘人執鎗刄舞皮牌槌鼓吹椰殼筒滕行匍匐以迎酋長乘象部領衆馬十一年遣其孫舍阿那沙等入貢是冬兵部尚書陳洽言王雖助攻季犛實徘徊懷兩端至化州大虜掠資季擴金帛戰象季擴亦遺

王美女王復侵奪升華府所隸州縣其衆等安南上曰安南方請勅諭之而已占巴的賴自永樂以來歲一貢正統二年命三歲一貢以節煩勞占巴的賴卒孫摩訶貴該襲摩訶貴該為安南所虜朝命故令諸番三歲一貢而摩訶及歸臨死謂其姪摩訶貴來曰我海外諸夷故三歲一貢第天朝待我厚我死爾當立則歲貢摩訶貴來卒弟摩訶貴繇襲卒子槃羅茶全襲槃復為安南所虜弟槃羅悅襲成化　年徙居赤坎邦都郎以避安南而尋亦為安南所攻殺於是遣給事中馮義行人張瑾封王弟齋亞麻勿庵為王使未至亞麻勿庵卒而其臣提婆苔者受安南偽命為王義誤以為真即以詔印授提婆苔齋亞麻勿庵

之弟古來者怒提婆苔攻殺之安南怒擧兵壓境欲生得提婆苔古來懼率其王妃王孫及部落千餘人來請封具言故於是禮臣劾使者擅封義已前死瑾坐謫戍復遣給事中李孟暘往封古來爲王安南人言古來不當嗣嗣者提婆苔爲正古來詣廣州辯訴朝命總督兩廣都御史屠滽按驗古來實當王移諭安南數之而以聞古來遂得封孟暘致古來於崖州受朝命王反國滽護之官軍二千弘治三年表謝別附黃白二金若諸器物異香謝滽辭古來卒其子沙古卜洛來乞封然不明言其父卒有別奏始稍及給事中任良弼言皇祖惡占城譎詐故嘗絶之太宗有事安南忿其啓齒始通封賜然比朝鮮安南故自殊矣

比年例貢乞　誠自念孱削仰仗天朝震讋其鄰其實國王立不立不係朝廷封不封也古來存沒虛實難料萬一其彼父子素有孽釁我使至或被脅迫如往時給事中林霄之使滿剌加不肯北面屈膝幽餓而死君命國體不可不惜大抵海外國無事則廢朝貢而自立有事則假朝貢而請封占城比來豈急求封急在復安南之侵地還廣東之逃人耳宜如往來就封事例令其領敕之國戶部仍咨兩廣撫臣詰責安南令還所侵地命撫臣　逃人諭遣庶全柔遠之道無損中國之威下禮部集議是沙古卜洛卒沙日底當立正德八年遣給事中李貫往封以無通事諸人為解致命其使而歸嘉靖二十一年再至其國候

熱不霜雪禾稻甚薄地不産茶檳榔蔞葉蠡殼之灰不絶於口以白氎布纏胸垂足衣衫窄袖撮髮爲結散垂爲髻王腦後髽結散被吉貝衣冠金花冠七寶裝瓔珞爲飾躡草履無襪凡國人諸雜色悉得衣弟母得衣白衣白者死其互市用金銀或以吉貝錦定博易之直民居編茅王居鑄金酋長之居甓甎灰雕鏤獻畜兵甲藥鏃刀鏢周垣爲防王歲時飲人膽酒又以浴有慶酋長獻膽爲賀王居國若至三十許年者即自矢不道入山受戒令子姪攝居一歲亡恙即復出爲王其鼓八更其刑禁設枷鎖小過鞭藤杖當死者樹繫之以梭搶舂其喉殊之若故殺刼殺出象蹋之或鼓鼻捲撲象皆知之人槌熏羊皮以紙削細竹

為筆蘸灰書之書形如蚯蚓何喬遠名山藏

占城古越裳國在交趾南周成王時重譯獻白雉秦為象郡漢并南越置象林縣屬日南郡東漢時數寇掠其後縣功曹子區連殺令自王號林邑國傳數世甥范熊代子逸晉武帝太康中來貢日南人范椎有奴名文嘗牧牛獲二鯉澗中化為鐵以鑄刀削石立解因為逸將教作宮室械器秉逸死纂立永和中攻陷日南九真義熙後頻入寇交州為弱五世孫見殺於扶南王大臣范諸農平其亂自立宋永初二年以諸農子陽邁為林邑王陽邁者華言紫磨金也林邑有金山石皆赤金夜飛如螢鑄金人大輙十圍天嘉中交州刺史檀和之將兵深入銷金人得

黃金數十萬斤齊梁天監九年其王范文凱獻白猴歷梁陳貢獻不廢隋仁壽末遣將軍劉芳率部騎萬餘往擊其王范梵志引衆乘象迎戰芳掘坑覆草僞北誘陷之入其都獲廟主十八枚皆范金為像蓋有國凡十八葉矣因以其地為三郡置守令道阻不克入梵志尋復國唐貞觀時王頭黎獻五色鸚鵡子鎮龍被弒范姓遂絕國人立頭黎女為王不能定迎立頭黎姑子諸葛地至德後更號環王王所居曰占城後因以占城為號史稱其俗累磚為城塗以蜃灰王著法服加瓔珞如佛飾出則乘象吹螺擊鼓幡旗用吉貝鎧以藤弓矢以竹國不設刑法有罪令象踐殺之人深目昂鼻髮拳色黑貴女賤男嫁娶用八月右姓曰

波羅門物産大抵同交趾周顯德中占城貢方物有通犀帶作雲龍形及薔薇水猛火油宋建隆二年其王釋利因陁盤遣使來朝書表於貝多葉盛以香木函爾後貢獻相望太平興國六年交州黎桓献占城俘太宗令廣州撫遣之雍熙後苦交州侵逼其民率附儋廣二州淳化三年賜其王白馬二遂爲額大中祥符四年貢獅子二畜苑中皇祐七年廣西安撫經略司言占城近修武備抗交趾將由廣東路入貢熙寧中詔恊力致討其國選兵七千扼賊衝以木葉書回牒訖無成功後兩國並入貢請各避政和中授其王楊卜麻疊金紫光禄大夫領廉白州刺史予奉給宣和元年進簡較司空兼御史大夫懷遠軍節度封

占城國王自是每遇恩降制加封邑淳熙四年占城以舟師襲
真臘傳國都慶元後真臘大舉復讐俘其王占城地悉歸真臘
更立真臘人主之因號占臘元至元中内附降虎符封占城郡
王命左丞唆都等立省尋以負固命行省官率兵自廣州航海
從擊佯請欵獻金葉九節標槍其王栖鴉侯山立砦聚衆二萬
餘且借兵交趾真臘諸國截歸路師回招諭始奉表降國朝洪
武二年命行人吴用顔宗魯楊載等齎璽書使占城爪哇日本
等國會占城國王阿荅阿者遣虎都蠻來朝貢虎象優詔荅之
其年貢使蒲旦麻都言安南逼境諭两罷兵遣中書省管勾甘
桓會同館副使路景賢封阿荅阿者為占城國王賜鍍金銀印

大統曆金綺三年遣祀山川以占城通中國文字令吏士赴京師瞭安南高麗沙漠平頒詔其國四年阿荅阿者遣荅班依卜農奉金葉表來朝譯稱安南侵擾願賜兵器樂人俾知聲教所被少紓凌奪上意憐之命中書省咨王言占城安南並奉正朔已諭令安南罷兵更給爾兵器是同佐鬪所稱聲樂華夷方言各異如爾國能習華音聽赴京肄習并諭福建行省免征占城海舶示懷柔意八年諭占城等國三年一朝貢以貢使挐行商多詐著祖訓沮遏之十六年遣子來賀聖節給勘合文冊二十四年以其臣閣勝弑立絕貢使永樂元年其王占巴的賴遣賀即位想安南侵掠諭息兵修好四年征安南勅廣東都指揮司

由海道往占城會兵五年獻黎氏俘表謝七年命中使鄭和等往賜其國自五虎開洋張十二帆順風十晝夜至其酋戴三山金花冠臂腕束以金鐲乘象馬郊迎蒲伏十一年再征安南兵部尚書陳洽言初討黎賊及陳季擴占城出兵觀望至化州大掠以金帛戰象資季擴季擴亦遺以黎蒼女約侵升華府厥罪惟均上以交趾初定不欲窮兵諭歸侵地十六年貢瑞象自永樂後三年一貢其國嗣王輒請命宣德元年行人黃原昌往頒正朔繩其王不恪卻所贈金帛擢戶部員外郎七年暹羅使者以前使及蕃伴百餘為占城拘留愬於朝正統元年占城使至詔還所留暹羅人及我軍往西洋未歸者六年行人吳惠齎勅

立其嗣王摩訶貴舟發東莞從交趾界抵國時臘月尚暑國人
多裸袒稻始熟明年上元王爇沉檀燃火樹盛陳樂舞款客十
二年攻安南為其王黎灝所敗景泰末摩訶貴卒其子槃羅茶
全請天順中命給事中江彤行人劉寅之賜冊五年安南王灝
大發兵破占城成化七年槃羅茶全卒其槃羅茶悅攝國事奏
安南攻圍劫賜印以息兵諭安南九年命給事中陳峻等賫印
封槃羅茶悅為王抵靈山聞茶悅等被虜乃還而安南王灝奏
占城前襲其化州槃羅茶全親率象馬令弟槃羅茶遂先發反
弑茶全而槃羅茶悅子茶質苔來率傜峒伏竹弩夜攻殺茶遂
自立邊吏黎文因發兵擊盜項已奉勅還所掠兵部尚書項忠

等以奏詞牴牾請勅具實奏十四年安南王灝遣陪臣阮達濬
奏辯占城非沃土曾無占奪望遣朝使申畫效圻二十年占城
復請封命給事中馮義行人張瑾賫勅印往義等方乗巨舶市
利至廣東聞所請封為王者死恐空返遂馳至占城而安南已
用僞勅立國人提婆苔居攝即以印幣授提婆苔册為王得厚
賂黃金還經滿剌加國貨所賫至海上義死瑾歸報而王弟古
来先奏請嗣封前事頗泄瑾下詔獄坐專擅論斬謫戍邊明年
復遣給事中李孟暘行人葉應封古来為王按古来奏初王見
虜王弟槃羅茶悅潛匿比封使至復為交人所執後惧天朝訪
本國子孫擬還故土自邦都郎至占臘地界五處立齋亞麻勿

衝爲王無何死弟古來序當立頵遣使諭還全境二十七處四府一州二十二縣東至海南至占臘西至黎人山北至阿木喇補凡三千五百餘里而提婆苔譯占城使不知何許人也爲安南所納抗言古來不當嗣二十三年古來自老撾走崖州愬辭時孟暘等次廣州疏言占城僻險安南搆兵未靖恐驟封至損國威宜勅安南悔過仍令古來歸國聽勘從之命兩廣督府主其事都御史屠滽屬叅議姜英勘實僉謂古來王弟宜繼賜勅切責安南王灝始聽命滽製海舟募勇士千人護古來至新州港弘治元年王古來奉金葉表謝并附致黄白金器餙於滽上諭滽受固辭十八年古來卒其子沙古卜剌請封給事中任良

弼等疏行勘明遣使賚勅至廣東境上令領歸國報可正德五年仍命給事中李貫行人劉廷瑞授冊而貫憚往以無通事諸人為解致命於其使而歸嘉靖初占城及暹羅等國商泊廣東市舶中使牛榮私貿易事覺沒其貲頃之沙古卜剌卒沙日底齊立二十二年遣叔沙不登古魯等奉金葉表貢方物以綵幣報賜其王使者請給冠帶及稱安南攻掠乞護出境並報可其國東北瀕海從福建長樂五虎門西南放舟甚駛距海口百里立石塔為標舟皆繫焉然貢道由廣東按元史其國近瓊州舟行順風可一日至治木城可二十餘里俗便山習水開北户向日鮮霜雪尚釋無絲蠶衣禁玄黃以白氎布纏胸垂足窄袖椎

結居茅茨不踰三尺分晝夜各五十刻無閏月夜鼓八更曉起以子午為率見月飲酒歌舞為樂元旦驅象出郭名逐邪冬至定十一月望日釀酒侯熟賓主繞甕坐且咂且注水味盡乃止產諸香饒象牙犀角伽南香惟此地有之價亦頗貴犀如水牛大者八百斤角在鼻端長可尺五寸馬小於驢樹之異有觀音竹如藤長丈八尺許色黑如鐵每節長二三寸稻種耐寒旱而早熟宋真宗時求種給江淮兩浙擇田高者藝之即今黄秈所謂占城稻也語燕鳩果於戰鬬或云文書用羊皮及黑木皮土雜白沙畜多牛不任耕耨亦鮮粒食醖以生蛆為佳歲時酋長採生人膽入酒又以浴身曰通身是膽王當賀日沐人膽汁出

游乘象或黄犢車一人持檳榔盤為導尸頭蠻本婦人目無瞳與家同寢夜深頭飛去食人穢飛回復合體如舊諸有罪送不勞山始弘治中安南數侵占城奏請命官往諭大學士李東陽曰王者不治夷狄安南雖修貢然負固日久今遣官抵其國海島茫茫空掉寸舌萬一執迷銜命寢置不問損威已多即問罪興師開禍尤烈宜勿聽時以東陽為得大體云茅瑞徵象胥録

占城古越裳地也秦林邑漢象林及區連殺縣令自立稱林邑王數世中絕外甥范熊代之子逸嗣逸死奴文篡立梁書曰文本夷帥范稚家奴嘗牧羊山澗得鱧魚二化為鐵因以鑄刀刀成文向石呪曰若斫石破者文當王此國因斫石如斷芻稾文心異之范稚嘗使之商賈至林邑因教林邑王作宮室及兵車器械王寵任之後乃讒王諸子各奔餘國及王死無嗣文偽於鄰國迎王

手置毒糞中殺之曾国人而自立永和間襲破日南殺其守夏侯覽以屍祭天屯日南久之梁書曰夏侯覽為太守侵刻尤甚林邑貪日南地肥沃嘗欲略有之因民之怨遂奪兵襲日南殺覽以其屍祭天留三年乃還交州刺史朱蕃遣刘雄戍日南文復屠滅之遣使告蕃願以日南北境橫山為界蕃不許遣陶緩討之文歸林邑尋復屯日南文死子佛嗣屢為晉兵所破然亦世為交南患梁書曰佛立猶屯日南征西將軍桓溫遣滕畯灌邃率交廣兵討之佛嬰城固守畯盛兵於前邃率勁卒自後踰壘而入佛衆驚潰追至林邑佛乃請降昇平初復為寇暴刺史溫放之討破之安隆三年佛孫須達復寇日南執太守靈源又寇九德執太守曹炳交阯太守杜瑗遣鄧逸擊破之即以瑗為刺史義熙三年須達復寇日南殺長史瑗遣阮斐討破之斬獲甚衆九年須達復寇九真行郡事杜慧期與戰斬其息及生俘百餘人自瑗卒後林邑無歲不寇日南諸郡殺傷甚多交州遂致虛弱至孫文敵為扶南所殺大臣范諸農平其亂自立為王傳子陽邁宋永初時遣使來貢南史曰陽邁初在孕其母夢生兒有人以金席藉之其色光麗夷人

謂金之精爲陽邁若中國云紫磨者因以爲名其後數復靡常交州刺史檀和之將兵擊之深入其境蕭梁亦通使往來隋時爲大將劉方所破北史曰仁壽末上遣大將軍刘方擊之王梵志乘巨象戰方軍不利方多掘小坑草覆其上與戰僞北梵志逐之其象陷大破之入其郡獲其廟主十八枚皆鑄金蓋其国有十八世方班師梵志復其故地至唐而范始滅國人立其姑子諸葛地更號環王元和初都護張舟擊走之徙國於占占城之名所自始也宋時襲真臘文獻通考曰閩人有泛海之吉陽軍者飄至占城見其国與真臘乘象以戰無大勝負乃說王騎戰教之弓弩騎射王大悅具舟送之吉陽厚齎隨以買馬得數十匹以戰大克後真臘大舉復仇俘殺幾盡更立真臘人主之元世祖詔降虎符授榮祿大夫占城郡王即其地立省撫安之然竟負固大軍南討國王戰敗逃遁然不果降明興高皇帝賜占城國

璽書國王阿荅阿者遣使朝貢蓋徃此始歸款矣四年王為安
南所苦奉表乞賜兵器藥人俾安南知我為聲教所被不敢輒
欺負上憐之報曰兩國既共內附豈宜擅兵相攻業詔安南無
開疆黌暴兵器不爾客但以安南故賜爾是助爾搆兵也樂有聲
律方言各異中國人不可遣爾國人能習華語者來習肄十六
年遣子入賀聖節永樂改元遣使告諭即位其王占巴的賴奉
金葉表來貢上使行人蔣賓王柩徃報之賜金綺有差且勒安
南毋相侵掠徃來請也四年遣中貴馬彬諭以共伐安南詔粵
東諸將緒甲兵由海道與占城會賜占城王鍍金銀印他物甚
夥王出兵助征　貴通賚勑徃劳賜金幣五年奏言克復安南所

侵地獻俘貢方物上下詔褒美數年間屢遣使來貢悉厚賚之至命中貴彬護其使臣以歸十三年兵部尚書陳洽馳奏初討安南時占城王雖聽命出征然實懷二心愆期不進又以金帛戰象資季擴季擴以黎蒼女遺之復約陳翁挺侵升華府所隸地罪下季擴一等耳請發兵征之上以交趾初平不欲窮兵遠夷遣諭王歸我侵地其後三年一朝貢詔使亦間往不絕（吳惠日記云正統六年奉使占城王遣頭目迎詔笳鼓填咽旌麾曦露氎衣椎髻前奔馳至行宮設宴王乘象迓於國門帳列戈戟以群象為衛既宣詔稽首受命上元夜請賞烟火爇沉香燃火樹盛陳樂舞民多裸袒士着苧衣）景泰末王摩訶貴殂天順初年弟盤羅悅馳使請封命給事中江彤行人劉寅之持冊往王亦遣使來謝云成化中王茶全為

交趾所破嗣王徙居赤坎邦遣使請封如故事而安南陪臣據其故都詭稱占城王迎詔使臣馮義誤謂真王也持封冊給之嗣王古來航海奔廣州投訴吏以來朝爲辭督臣屠滽命叅議姜英覈其事時安南納叛將而助之雲申言古來不當嗣滽從僉議謂冊印元有古來名宜王其地具疏以陳仍移檄安南道之順逆安南亦不敢大肆其狠噬乃遣官軍二千令東莞商人張宣護送古來還國弘治十八年古來卒沙古卜洛嗣正德五年奉詔冊封者給事中李貫行人劉廷瑞也十二年來朝嘉靖二十一年再至云其俗果於戰鬭尚釋教王冠三山金花玲瓏冠披錦帔着玳瑁履腰束八寶方帶出遊乘象或黃犢車一人持

檳榔盤前導從者十餘輩各執弓矢刀鎗梁書曰王着法服加瓔珞如佛像之飾出則乘象吹螺擊鼓罩吉貝繖以吉貝爲幡旗民望之膜拜一而止臣芰葉冠男蓬頭宗史曰撮髮爲髻散髮餘髻於後女後椎結居處爲閣名曰干闌門戶皆北向民居茅茨不得踰三尺衣紫衣梁書曰男女皆以橫幅吉貝繞腰以下謂之汗漫僭玄黄者論死椰葉爲席以麝塗身山牛不任耕耨但殺以祭鬼令巫祝之曰阿羅和拔他早托生也正月一日牽象周行所居之地然後驅逐出郭謂之逐邪四月游船十一月望日爲冬至所部各獻方物十二月望日城外縛木爲塔以衣服香藥置塔上焚之祭天釀酒甕中候熟賓主繞甕坐筒而吸且吸且注水味盡而止星槎勝覽曰非至午不起非至子不睡見月則歌舞爲樂無紙筆以羊皮搥薄削

竹爲筆蘸白灰書字南史曰書樹葉爲紙或擊鼓以警衆或吹蠡以即戎或稱歲時採生人膽入酒飲之又以浴身謂之通身是膽也嫁娶必用八月女先求男同姓還相婚姻使婆羅門引壻見婦握手相付囑曰吉利吉利北史曰婚媾令媒齎金銀釧酒二壺魚數頭至女家于是擇日夫家會親賓歌舞相对女家請一婆羅門送女至男家壻盥手因牽女授之喪用火葬以器衆餘骨沉之隋書曰王死七日而葬百官三日庶人一日皆以函盛屍歌舞導從輿至水次積薪焚之收其餘骨王則內金甕中沉之于海有官者以銅甕庶人以瓦送之于江男女皆截髮隨喪至水次盡哀而止歸則不哭每七日然香散花復哭盡哀盡七七而罷王在位三十年即入山茹素受戒曰我不道當充虎狼食或病死從此國事不得復相關傳子攝國碁年得無恙復入爲國王國人呼爲芳嚟馬恰剌扎爲唐書曰呼王爲陽滿王妻爲陀陽河熊太子爲阿長通宰相爲婆滿地○隋書

曰尊官有二其一曰西那婆帝其二曰薩婆地歌其屬官三等其一曰倫多姓次歌倫致地次乙他伽蘭外官分為二百餘部其長官曰弗羅次曰可輪如牧宰之差也

形勝名蹟

金山 在林邑故國梁書曰石皆赤色其中生金金夜則出飛狀如螢火

鵶侯山 元史曰唐人曾延來言國主遣于大州西北鵶侯山聚兵三千餘集他郡兵未至不日將與官兵交戰謀者云國主實在鵶侯山

不勞山 在林邑浦外唐書曰有罪者使象踐之或送不勞山令自死

赤坎山 占城王為交阯所逼徙居于此

伽倫貌山

區栗城 南齊書曰區栗城建八尺表日影度南八寸

木城 元史曰官軍依海岸屯駐占城兵治木城四面約二十餘里起樓棚立回回三梢砲百餘座又木城西十里建行宮焉

半山塔 元行省嘗屯兵于此

羅灣港口 即占城

物產

金 即金山所出者南齊書曰金汁流出于浦事尼乾道鑄金銀人像大十圍

銀 元史曰遣其甥奉國王信物一大銀三錠小銀五十七錠碎銀一甕為貢歸款又獻金葉九節標槍曰國王病未能進先使持其槍來以表誠意

錫 見吾學編

鐵 見元史

寶母 原化記魏生淂美石有胡人見之曰此宝母也每月望設壇海邊置石其上可淂美珠一統志載占城產

澄水珠 宣室志曰

歲生得一珠胡人云此清水珠置濁流則渙然澄徹一統志載為占城產

火珠 舊唐書曰荒頭裂獻火珠大如雞卵圓白皎潔光照數丈狀如水精正午向日以艾蒸之則火燃

琥珀 華夷考曰林邑多琥珀琥珀在地其上及傍不生艸木深者或八九尺大如斛削去皮成焉初如桃膠凝成乃堅

水精 一名水玉太康四年林邑王獻紫水精唾壺一口青白水精唾壺二口

貝齒 本艸曰貝子一名貝齒生東海梁書云占城所出

菩薩石 周顯德中入貢談苑曰色瑩白若水晶類日光射之有五色如佛頂圓光

犀角 夷人謂之黑暗宋及本朝充貢吾斈編曰占城犀角象牙最多犀大者八百斤獨角在鼻端長者可尺五寸

象牙 夷人謂之白暗宋及本朝充貢

瑇瑁 見梁書

奇楠香 諸國出者惟占城為最本朝充貢星槎勝覽曰棋楠香在一山所產酋長禁民不得採取犯者斷手足吾斈編名伽南香

沉香 梁史曰沉木香者土人砍斷積以歲年朽爛而心節獨在置水中則沉故名沉香

檀香 佛家謂之旃檀宋及本朝占城以之充貢圖曰檀香凡數種有黃白紫之異古今註曰紫旃木出林邑亦謂紫檀也

龍腦香 酉陽雜俎云樹高八九丈可六七尺圍葉圓而背白樹有肥瘦形似松脂作杉木氣乾脂謂之龍腦香清脂謂之波律膏

麝香 唐書曰以麝塗身日再塗再澡

華夷考曰似麞而小其香正在陰前皮內別有膜裹之春分取之生者爲良一說香有三種第一夏食蛇多至寒香滿入春急痛自以爪剔出之落處草木皆焦其次臍香乃捕得殺取者又次心結香麝被獸逐狂走顛墜崖谷而斃破心見血流出作塊者是

乳香 宋時充貢廣志曰即松木脂有紫赤如櫻桃者名乳香蓋薰陸之類也諸雜香譜云今以通明者爲勝

降真香 本朝充貢本草曰和諸雜香燒烟直上天名寉盤旋於上

丁香 宋時充貢本艸註曰樹高丈餘凌冬不凋葉似葉而花圓細色黃子如丁長四五分紫色中有粗大長寸許者呼母丁香擊之則順理而拆

薔薇水 周時入貢宋史曰洒衣經歲香不歇俗呼爲薔薇露

猛火油 周時入貢宋史曰得水愈熾国人用以水戰

吉貝 梁書曰樹名也其華成時如鵞毳其緒紡以作布亦染成五色織爲班布

朝霞布 唐書曰王妻服朝霞又貞觀時以之充貢

綵紋布 見宋布

白氎布 宋史曰無絲蠶以白氎毛纏其骨蠶至于足

貝多葉簞 貝多葉長一尺五六寸闊五寸許葉形似琵琶而厚夷人以此書字者也織以爲簞宋時占城充貢

明角

烏角

黃蠟 見宋史

硫黃 陶隱居云出林邑色如鵞子初出殼名崑崙黃

蘓木 見宋史本朝充貢

烏樠木 見宋史本朝充貢星

槎勝覽曰烏木俸香樵之為薪

觀音竹 吾李編曰如藤長丈八尺色黑如鐵一寸二三節

穀 宋史曰每歲稻熟王自割一把從者及婦女競割之今潭人所有占城粟即占城種也

燕窩 華夷考曰海燕大如鳩春回巢於古岩危壁葺壘乃白海萊也島夷似其秋去以偕笮揑鏟取而鬻之謂之燕窩宴品珍之

胡椒 宋時入貢

檳榔 唐書曰取檳榔瀋為酒宋時入貢

椰 南方艸物狀曰昔林邑王與越王有故怨遣使客刺得其首懸之於樹俄化為椰子林邑王憤之剖為飲器南人至今效之當剌時越王大醉故其漿如酒云

波羅蜜 瀛涯勝覽曰占城有果曰波羅蜜狀如冬瓜皮似荔枝內有黃肉大如雞子味甘如蜜中有子似鵞腰子炒食之味若栗

海梧子 南方艸狀曰樹與中国松同但結實絕大形如小粟三角味肥甘樽俎閒佳果也出林邑

茴香 圖經曰蘹香子亦名茴香交廣諸蕃出入藥用番舶者花頭如傘蓋結實如麦而小青色宋時占城入貢

蓽澄茄 本艸經曰生佛誓国似梧桐子及蔓荊子微大亦名毗陵茄子按宋史占城王為交州所攻奔于佛逝即占城屬国也

荳蔻 見宋史按宋史載占城所產又有甘蔗蕉子蓮子麻豆之之屬兹不具悉

犀 林邑記曰犀行過叢林不通開口露齒前向棘林自開周顯德中占城獻雲龍形通天犀

獅 說文曰虓

獅子也尔雅曰狻猊如虦猫食虎豹宋史占城傳曰民獲獅象皆輸于王**象**酉陽曰環王国野象成羣一牡管牝三十餘國人養馴者可令代撫**猩猩**見唐書**白猿**梁天監九年來獻**白雉**援神契曰周成王時越裳獻白雉**秦**

吉鳥唐會要曰林邑国有結遼鳥謂之吉了能人語華夷攷曰如鸜鵒黑色丹味目下連頂有深黃文頂毛有縫如人分髮能言比鸚鵡尤慧大抵鸚鵡如兒女吉了聲則如丈夫**鸚鵡**山經曰青羽赤喙人舌能言名曰鸚鵡舌似小兒脚折前後各兩扶南徼出五色者舊唐書曰林邑獻白鸚鵡精識辯慧善于應答太宗憫之並付其使令放还于林藪**山雞**異苑曰山雞愛其毛映水則舞傅玄賦曰惟南州之令鳥兼坤維而体珍被黃中之正色敷文象以飾身占城宋時入貢**歸飛**水经註曰林邑城外香桂成林氣清澄烟時禽異羽翔集間關兼比翼鳥不比不飛鳥名歸飛鳴聲自呼俞益期與韓豫章牋曰其背青其腸赤丹心外露鳴情未達終日歸飛飛不十千路有萬里何由歸哉**龜**宋史曰官無資俸但給龜魚充食

交易賈舶抵岸獻果幣於王王設食待之國人狠而狡貿易往往不平故往販者少或謂取人膽者非止獻王亦以供象洗

目伺人於道乘其不意斫殺之取胆以去若彼人驚覺則胆破不中用矣置衆胆賫釜中華人胆輙居上故必取華人胆為貴五六月間商人出必戒嚴（張燮東西洋考）

祖訓自占城以下蘇門荅剌西洋爪哇彭亨百花三佛齊浡泥諸國来朝時内帶行商多行譎詐故沮之自洪武八年沮至洪武十二年方乃得止按占城國濱海即古越裳林邑洪武二年其國王阿荅阿荅者遣使貢朝詔封為占城國王賜鍍金銀印四年遣使奉金葉表朝貢十六年復遣子来賀聖節乃賚與勘合文冊二十四年復来朝貢以其臣弑立命絶之永樂後其國與諸國皆来朝貢始定三年一貢貢道由廣東正統後其國襲封

遣使行禮　貢物　象象牙犀犀角孔雀孔雀尾橘皮抹身香薫衣香奇南香金銀香土降香燒碎香檀香柏花藤香龍腦香烏木蘇木花梨木蕪蔓番沙紅印花布油紅綿布白綿布烏綿布圓壁花布花紅邊縵雜色縵番花手巾番花手帕兜羅錦被洗白布泥（大明會典）

真臘國

自占城順風三晝夜可至其國門之南為都會之所有城池周七十餘里石河廣二十餘丈殿宇三十餘所凡歲時一會則羅列玉猿孔雀白象犀牛於前名曰百塔洲金盤金碗盛食諺云富貴真臘也氣候常熱田禾豐足煮海為鹽風俗富饒男女椎

髻穿短衫圍梢布法有劓刖剌配犯盜則斷手足番人殺唐人則償命唐人殺番番人則罰金無金賣身贖罪地産黃蠟犀象孔雀沉香蘇木大風子油翠毛貨用金銀燒珠錦段絲布之屬費信星槎勝覽

真臘本扶南屬國一名占臘在東海中隋始通中國唐神龍中并扶南而國分為二其南近海多陂澤為水真臘北多山阜為陸真臘後復合為一宋宣和初封真臘國王慶元中破占城立其國人為占城王占城遂為屬國又有參半真里登流眉蒲甘等國皆屬真臘聚落頗衆地亦廣洪武六年國王忽兒那遣柰亦吉郎表獻方物賜大統曆文綺二十年正黎列保昆耶昔若

者遣使貢象及方物景泰二年貢賜王及妃文綺朝貢至今不絶其俗尚華侈東向為上右手潔縣鎮風俗大類占城王三日一視朝婚娶燃燈不息視力耕種産銅金諸香象翠羽嘉樹異魚　鄭曉吾學編

真臘在占城西南本扶南屬國隋始通唐神龍中並扶南而國分為二其南近水多陂澤為水真臘北多山阜為陸真臘頃之復合宋宣和初封為真臘國王後破占城俘其王其旁參半真里登流眉蒲甘等國皆役屬之地方數千里海中大國也洪武四年國王忽兒那遣使亦（柰）吉郎奉表貢方物賜大統曆織金文綺忽兒那卒參荅甘武者持達志立屢入貢給鍍金銀印王及

陪臣皆有賜永樂二年國王參烈婆毘牙遣使貢適中使自其國歸失從行軍三人索之不得王以國人充上謂我軍逃不宜責償於彼令遣還三年參烈婆毘牙卒命序班王孜往致祭給事中畢進賫詔封其子參烈昭平牙嗣王自畢進封後其繼立無聞然入貢不絕地無霜雪夏秋多雨水高十丈民移而山居冬則復還耕種一歲数收俗尚華侈以錦纏腰王三日一聽朝冠履服制大有華風以東向為上左手為潔刑有劓刖刺配蕃殺漢人抵死漢殺蕃人罰金而已分疆建戰與占城同山川則陵伽鉢羅山産諸香翠羽嘉樹異香焦竑獻徵録

真臘國本安南之屬國在占城西南宋時其時酋長滅占城役

屬之號占臘其國自號曰甘孛智後訛為甘破蔗闍人賈其國方言曰東埔寨也洪武初詔告即位其王忽兒那遣使表賀獻方物賜國王明及綵段等物忽兒那卒參合甘武者持達志立屢入貢給銀印黃金塗王及陪臣皆有賜二十年行人唐敬使其國國王貢象五十九香六萬觔自後不常至永樂初告即位御史尹綬往王見綬綬辭情慷慨威信並伸既歸圖山海所經國都所有以上上悅參考甘武者持達志之後為參烈毗牙參烈毘牙之後為參烈照平牙景泰以後不常至真臘風土元時有周達觀者使載列甚詳且多怪異大抵地通印度謹於奉佛何喬遠名山藏

真臘本扶南屬國在占城西南其王質多斯那兼扶南有之姓剎利氏隋大業十三年貢獻始通中國唐貞觀初傳子伊奢那與環王相攻自武德至聖曆凡四來朝神龍後分爲二南際海饒陂澤號水真臘北多山阜號陸真臘其後復合爲一宋政和六年遣使貢賜以朝服宣和二年封爲真臘國王建炎二年以郊恩授其王金裒賓深簡較司徒加食邑所部聚落六十餘有銅臺列銅塔二十四銅象八鎮其上象各重四千斤歲時朝會列玉猿孔雀羣象名曰百塔州以金盤椀盛食曰有富貴真臘之諺其國戰象幾二十萬馬多而小閩人有浮海之吉陽軍者風泊占城方與真臘各乘戰象以教占城習騎射勝之慶元中真

臘破占城更其王占城轉屬元遣使招諭真臘臣服其習尚詳
隋書及永嘉周達所作風土記自温州開洋經交趾抵占城又
自占城可半月抵真蒲即其境地廣七千里北抵占城西南距
暹羅各半月程南距番禺十日程東瀕大海國中有金塔及銅
石塔城上石佛頭五中飾以金王三日一聽朝坐七寶牀出入
擁劍立象上迎小金塔金佛前導非嫡子不嗣自王以下男女
皆椎髻袒裼止以布圍腰手足並帶金鐲以香藥塗體家奉佛
僧茹魚肉唯不飲酒供佛亦以魚肉疊貝葉爲經甚華整每旦
澡洗以楊枝淨齒誦經呪文書以麂鹿皮染黑蘸粉畫字亦有
通天文者能推算日月薄蝕以十月爲歲首閏悉用九月夜分

四更候煖不識霜雪夏秋多雨移避山居産翠羽諸香佳樹異魚貿易以婦人貴中國針梳鍋蓆磁漆等器開戶東向坐以東為上手以右為淨其大較也俗稱儒為班詰僧為苧姑道為八思班詰不知所誦何書但從此入仕為清貫弥望沃野不事蚕織後暹人來居得桑與蚕種縫補織紝率倩暹婦為之洪武初其國王忽兒那遣柰亦吉郎表賀獻方物六年賜大統曆文綺二十年命行人唐敬使其國貢象五十九永樂初以即位諭海外諸蕃御史尹綬使真臘自廣州發舶由海道歷占城經淡水湖菩提薩州繪山川為圖以獻三年其王參烈婆毘牙卒命序班王孜往致祭給事中畢進賷詔封其子嗣王景泰二年來貢賜

王及妃文綺後朝貢不絶今真臘訛爲東埔寨賈船止抵海隅篤木州以柴爲城華人率寓居市道甚平或云即蒲甘國（茅瑞徵象胥録）

東埔寨即古真臘國也其國自呼甘孛智後訛爲甘破蔗今云東埔寨者又甘破蔗之訛也（風土記云西番經名其国曰澉浦只蓋甘孛智之近音）先爲扶南屬國王姓剎利氏至質多斯那兼扶南而有之遂雄諸夷既死子伊奢那先代立隋大業十三年遣使貢獻帝礼之甚厚至唐疆土寖闢神龍以來國分爲二北多山阜號陸真臘南近海號水真臘久之仍合爲一今賈舶至者大都水真臘地也宋政和六年使者來貢賜朝服服之（宋史曰奉化郎將鳩摩僧哥等十四人來貢賜以朝服僧哥言

萬里遠国仰接聖化尚拘卉服未称區區嚮慕之誠顧許服所賜從之仍以其事付史館明年辭去宣和二年詔封其國王與占城等建炎間以郊恩授王檢校司徒加食邑其國屢與占城戰戰失利至建元時大舉復仇破占城遂王其地以國號占臘蓋於是地方七千餘里矣元之置省占城也嘗遣一虎符一金牌同往為真臘所拘執元貞中始招諭賓服之明興國王忽兒那獻琛內附二十年七月行人唐敬還自真臘王遣使貢象五十九頭香六萬斤永樂以元遣使者諭即位二年八月國王參烈婆毗牙遣陪臣九人来貢賜鈔幣有差先是中貴人奉使彼中將歸有徒兒三人夜遁去索之不得其王以國中三夷人充數還朝既引覲上曰華人自遯何與彼事而

責償之過且若華言語不通風土敻隔將焉用此而令背井離鄉之為顧命礼部給道里費善遣之尚書李至剛曰臣意華人必不甘逃遁彼土或為彼所匿則此三人於法應留上曰何須逆詐人主但推天地之心以待遠人可也三年叅烈婆毘牙殂命鴻臚王孜往祭之封其子叅烈昭平牙賜絲幣七年奉金鏤表貢馴象及方物景泰三年再貢王城周圍可二十里城上石佛頭五飾其中者以金王宮及府第皆向東宮殊壯麗風土記曰涖事處有金窗欞左右方柱上有鏡四十八面列于窗旁王三日一視朝坐七寶牀上著朝霞吉貝瞞絡腰腹下垂至脛頭戴金宝花冠足履革屐耳懸金鐺嘗服白氎風土記曰男女椎髻以布圍腰出入則加以大布圍小布之上惟国主打純花布頭戴金冠有時穿茉莉之類

周匝璧間項上戴大珍珠三斤許手足及指上皆帶金鐲指展上箍猫精石手掌用紅藥染赤色

臣入見王稽首階下者三王呼上階則跪以兩手抱膊遶王坐環坐議國事訖跪伏而去風土記曰国主坐衙欲見者列坐地上以俟少頃内中隐隐有樂聲外吹螺迎之須臾二宮捲簾国主仗劒立金窓中矣臣僚合掌叩頭螺聲方絶国主隨亦就坐坐處獅子皮一領乃傳国之宝言事畢国主轉身二宮復垂簾

國中有金塔金橋歲時一會羅列玉猴孔雀白象犀牛於前名百塔洲風土記曰用中国十月為正月名為佳浔宫前縛大棚可容千人掛灯毬花果之屬对岸遠离二十丈地以木接續縛成高棚每夜裝烟火爆杖請国主觀燈如是半月而後止四月拋毬九月壓獵壓獵者聚象皆来城市中教閱宮外五月迎佛水聚遠近之佛皆送水與國主洗身陸地行舟国主登樓以觀七月燒稻蓋新稻已熟迎於南門外燒之供佛婦女觀者無數主卻不出八月挨藍挨藍者舞也點差伎樂宮内挨藍且闘猪闘象如是一旬諺所謂富貴真臘也

生女九歲擇僧道去其童身名曰陣毯風土記曰官司每歲四月擇日頒行本国有女

應陣毯之家先行申報給巨燭一條燭間刻畫一處點至刻畫處則為陣毯時候矣先期父母擇一僧是夜大會親隣以綵帛結二亭子一坐女子一則僧坐其中至期與女俱入房手去其童納之酒中天明以鼓樂送僧去後當布帛與僧贖身否則終為僧有不得他適婚娶男女兩家俱八日不出門晝夜燃燈相續人死舉置之野聽烏鳶食頃刻食盡者以為福報居喪但髡其髮女人於額上剪髮如錢大曰用此報親文字以麂鹿雜皮染黑隨其廣狹以意裁之用粉如白堊類磋為小條子拈於手中就皮畫以成字永不脫落作字皆從後書向前卻不自上書下也沃野弥望一歲可三四穫風土記曰冀田種蔬皆不用糞嫌其不潔其國謂儒為班詰僧為苧姑道為八思班詰不知所讀何書但由此入仕則為清貫微時於打布之外項上挂白線一絲以此自別既貴曳白線

如舊僧皆食肉直不飲酒肉亦時以供佛王有大故輒僧為司

南

今賈舶未有到王城者只到海隅一屬国耳故不能覩其麗靡彧云即蒲甘地按宋史蒲甘入貢朝議欲待以交阯之礼制詔書白背金花綾紙貯以閒金鍍管籥用錦絹夾襆緘封以往乃本朝貢貴獨無蒲甘應是真臘所并無疑矣

形勝名蹟

陸伽鉢婆山

隋書曰上有神祠以兵五千守衛之城東有神名婆多利祭用人肉王別殺人以夜祀禱亦守衛千人

伊奢那城

隋書曰伊奢那先代立居伊奢那城

婆羅提拔城

按唐書是水真臘所居處

真蒲

風土記曰真蒲以東率多平林叢昧長江巨港綿亘數百里古樹修藤森陰蒙蘙禽声雜還其閒至半港始見曠田絶無寸木弥望芃芃黍苗而已

篙木州

以木為城是華人客寓此

竹墺

風土記曰綿亘數百里其竹節相閒生刺笋味苦四畔皆高山

佛村

風土記曰自查南換小舟順水十餘日過半路村佛村

魯班墓

風土記曰在南門外周圍十里石屋數百間

銅臺

宋史曰列銅塔二十四銅象八以鎮其上象重四千斤

內中金塔

風土記曰国主夜臥其上塔中有九頭蛇精乃国之土地主也係女身每夜国主先與同寢雖其妻不敢入二

鼓乃出方與妻妾同睡若此精一夜不見則王死期至矣王一夜不往必獲災禍

淡水洋 風土記曰四月至九月每日午後下雨洋中水痕高七八丈巨樹盡沒僅留一梢耳人家濱水者皆移入山後十月至三月點雨絕無洋僅通小舟溪不過三五尺人家又復移下

物產

犀角 風土記曰白而帶花者為上黑為下

象牙 風土記曰以標殺之上也自死而隨時為人所取者次之山中多年者為下

鶴頂

翠羽 風土記曰叢中有池翡翠飛入求魚番人以樹葉蔽身坐水濱籠一雌誘之持小網伺其來則罩日獲三五隻

銅

金顏香 一統志曰香乃樹脂擘開雪白者為佳夾砂石者為下其氣能聚衆香番人以和香塗身

篤耨香 本艸綱目曰出真臘國樹如松形香老則溢出色白而透明者名白篤耨盛夏不融香氣清遠土人取後夏日以火炙樹令脂溢至冬凝復收雜以樹皮者名黑篤耨一統志曰盛之以瓢碎瓢爇之亦香名篤耨瓢

沉香 一統志曰出真臘為上占城次之

速暫香 一統志曰出真臘為上伐樹去木取香者謂之生速仆木腐而香存者謂之熟速其樹木半存者謂之暫速香

降香 風土記曰叢林中頗費斫伐之勞此乃樹心其外白木厚八九寸

蠟 風土記曰出村落枯樹間一種細腰蜂番人取得之一船可收二三千塊

塊大者三四十斤

藤黄　本艸曰樹名海藤花有藥散落石上彼人收之謂之沙黄就樹採者輕妙

布　風土記曰土人不事蚕桑僅織木綿布亦不能紡以手理成條無機杼但一頭縛腰一頭搭上梭只用一竹管

獺皮

吏瓶

明角

烏角

燕窩

胡椒　風土記曰纏藤而生纍纍如緣艸子

紫梗　風土記曰生樹枝間如桑寄生狀頗難得

大風子　風土記曰大樹之子如椰子而圓中有數十枚

婆那婆樹　隋書真臘傳曰葉似柿實似冬瓜

菴羅樹　隋書曰花葉似棗實似李

毗野樹　隋書曰花似木瓜葉似杏實似楮

婆田羅樹　隋書曰花葉實並似棗而小異

歌畢佗樹　隋書曰花似林檎葉似榆而厚大實似李其大如升

椰子

檳榔　唐書曰客至削檳椰龍腦香給以進

荳蔻　一統志曰樹如絲瓜蔓衍山谷春花夏實

酒　風土記曰酒有四等第一呼蜜糖酒用藥麴及蜜水為之次者呼朋牙四以樹葉為之乃樹葉名也又次以米或剩飯為之名色稜角包稜角者米也其下糖鑑酒糖為之又入港須水有茭漿酒按唐書真臘飲酒者比于溫頗後人亦漸頗醉鄉矣

麝香木　一統志曰氣似麝臍

蘇方木　蘇恭曰樹似菴羅花黃子青熟黑其木人以染絳南方艸木狀曰煎汁忌鐵器則色黯

犀

象

宋史曰國戰象幾二十萬慶元二年貢馴象二孔雀　鸚鵡　建同魚隋書曰四足無鱗如象吸水上噴高五六十尺浮胡魚隋書曰形似鮔觜如鸚鵡有八足　交易　船至篙木以柴為城酋長掌其疆果幣將之遂成貿而徵償吏性頗直以所鑄官錢售我我受其錢他日轉售其方物以歸市道甚平不犯司歸之禁間有鯁者則熟地華人自為戎首也風土記曰國人交易皆婦人能之所以唐人到彼必先納一婦兼利其能買賣故也每日一墟自卯至午則罷無居鋪但蓮蓆鋪地間亦有司賃地錢土人見唐人頗加敬畏呼之為佛見則伏地頂禮近亦有欺負唐人由去人之多故也。張燮東西洋考

真臘本扶南屬國其國濱海後併有扶南洪武四年其國巴山王忽兒那遣使貢方物賀正旦六年復來貢貢道由廣東後朝貢不常　貢物　象象牙犀角孔雀翎宝石土降香蘇木烏木

黄花木胡椒黄蠟大明會典

賓童龍國

其國與占城山地連接有雙澗水澄清佛書所云舍衛乞食即此地也目連所居遺址尚存人物風土艸木氣候與占城大同小異惟喪事能持孝服設佛而度死者擇僻地葬之婚姻偶合酋首出入或象或馬一如占城王從者前後百餘人執盾讚唱曰亞曰僕地產棋楠香象牙貨用金銀花布之類民下編茅覆屋以居費信星槎勝覽

賓童龍國與占城接按宋史為賓同隴國至道三年嘗偕大食國使來朝其國北接蘇門荅剌有双澗水清徹佛書所云舍衛

乞食即其地也目連居址尚存風土大類占城編茅覆屋酋首

出入乘象馬親老持孝服擇僻地以葬產伽南香象牙茅瑞徵象胥錄

諸蕃類考 西洋

暹羅國

自占城順風十晝夜可至其國山形如白石峭礪周千里外山崎嶇內嶺深邃田平而沃稼穡豐熟氣候常熱風俗勁悍專尚豪强侵掠鄰境削檳榔木為標鎗水牛皮為牌藥鏃等器慣習水戰男女椎髻白布纏頭穿長衫腰束青花手巾其上下謀議大小事悉决於婦其男女聽苟合無序遇中國男子甚愛之必置酒飲待歡歌留宿婦人多為尼姑道士能誦經持齋服色略似中國亦造菴觀能重喪礼人死氣絕必用水銀灌養其屍而後擇高阜之地設佛事葬之釀秫為酒煮海為鹽地產羅斛香

大風子油蘇木犀象犀角象牙翠毛黄蠟以海𧴩代錢每一萬箇准中統鈔二十貫貨用青白花磁器印花布色絹色段金銀銅鐵水銀燒珠雨傘之屬其酋感慕天朝遠惠嘗遣使捧金葉表文貢献方物　假馬里丁　其方與交欄山相望海洋中山列翠屏引溪水漑田禾穀少收氣候常熱俗嚚薄男子髡髮穿竹布短衫圍捎布種芭蕉採其實以代糧煑海為塩釀蔗為酒地産玳瑁羚羊貨用瓜哇布燒珠印花布米穀之屬　交欄山

自占城靈山起程順風十晝夜可至其山高而叢林藤竹舵桿桅檣蓬篙無所不備胡元時命將高興史弼領兵萬衆駕巨舶征闍婆因遭風至交欄山下其船多損乃登此山造船百號

後征闍婆擒其酋長而歸至今居民有中國人雜處蓋此時病卒百餘留養不歸遂傳育於此氣候常暑少米穀以射獵為業男女推髻穿短衫繫巫崙布地產豹熊鹿皮玳瑁貨用米穀五色珠青布銅鼎青碗之屬費信星槎勝覽

自占城向西南船行七晝夜順風至新門臺海口入港纔至其國國周千里外山崎嶇內地潮濕土瘠少堪耕種氣候不正或寒或熱其王居之屋頗華麗整潔民庶房屋起造如樓上不通板却用檳榔木劈開如竹片樣密擺用藤扎縛甚堅固上鋪藤簟竹席坐卧食息皆在其上王者之絆用白布纏頭上不穿衣下圍綠嵌手巾加以錦綺壓腰出入騎象或乘轎一人執金柄

傘茭蔁葉做甚好王係鎖俚人氏崇信釋教國人為僧為尼姑者極多僧尼服色與中國頗同亦住庵觀持齋受戒風俗凡事皆是婦人主掌其國王及下民若有謀議刑罰輕重買賣一應巨細之事皆決於妻其婦人志量果勝於男子若有妻與我中國人通好者則置酒飯同飲坐寢其夫恬不為怪乃曰我妻美中國人喜愛男子櫛髻用白頭布纏頭身穿長衫男子年二十餘歲則將莖物週迴之皮如韭菜樣細刀挑開嵌入錫珠十數顆皮內用藥封護待瘡口好纔出行走如葡萄一般自有一等人開舖專與人嵌銲以為藝業如國王或大頭目或富人則以金為虛珠內安砂子一粒嵌之行走扱扱有聲為美不嵌珠子之

男子為下等人也最為可怪之事男女婚姻先請僧迎男子至女家就是僧討取童女喜紅貼於男子之面額名曰利市然後成親過三日後又請僧及諸親友拌檳榔綵船等物迎女歸男家則置酒作樂待親友死喪之礼凡富貴人死則用水銀灌於腹內而葬之閑下人死擡屍於郊外海邊放沙際隨有金色之鳥大如鵞者三五十數飛集空中下將屍肉盡食飛去餘骨家人號泣就棄海中而歸謂之鳥葬亦請僧設齋誦經礼佛而已國之西南去百里有一市鎮名上水可通雲後門此處有番人五六百家諸色番貨皆有賣者紅馬厮肯的石此處多有賣者此石在紅雅姑肩下明淨如石榴子一般中國宝船到暹羅亦

用小船去做買賣其國産黃連香羅褐速香降真香沉香花梨木白荳蔻大風子血褐藤結蘇木花錫象牙翠毛等物其蘇如薪之廣顏色絶勝他國出者異獸有白象獅子猫白鼠其蔬菜之類如占城一般酒有米酒椰子酒俱是燒酒甚賤牛羊雞鴨等畜皆有國俗頗似廣東鄉談民俗囂淫好習水戰常差部領討伐鄰邦海𧵳當錢使用不拘金銀銅錢俱使王差頭目將蘇木降香等寶進貢中國馬歡瀛涯勝覽

暹羅本暹與羅斛二國在南海中暹土瘠不宜耕稼羅斛土平衍種多穫暹仰給焉元至正間暹降羅斛洪武四年暹羅國王參烈昭毘牙遣柰思俚儕剌識悉替奉金葉表朝貢賜大統曆

十年遣子昭祿群膺奉金葉表朝貢象及方物遣使賜詔及暹羅國王之印十六年給勘合文冊令如期朝貢永樂元年稱暹羅國十五年瑣里人昭祿群膺哆囉諦剌為王遣柰必上表貢方物乞量衡式賜古今烈女傳金綺量衡令三年一朝貢宣德中稍減賜物着令其國方千餘里群山環繞峭拔崎嶇地下濕土踈惡氣候嵐熱不壽自占城西南舟行七晝夜至其國王宮壯麗民樓居其樓密聯檳榔片藤繫之甚固籍以藤席竹簟寢處於中王白布纏首腰束嵌絲帨加錦綺跨象或乘肩輿尚釋教國人效之好為僧尼婦人多智夫聽於妻妻與中國私不為怪男陽嵌珠玉富貴者範金盛珠行有聲婚則群僧迎壻至女

家僧取女紅貼男額稱利市喪礼貴者灌水銀葬民間鳥葬言語大類廣東俗浇浮習水戰好鬬喜寇掠市用海𧴩煑海為盐釀秫為酒産宝石奇香異木翠羽獅白象白鼠蘇木賤如薪色絶勝六足龜珊瑚（鄭曉吾學編）

暹羅在占城極南本暹與羅斛二國暹瘠而貧歲仰給於羅斛元至正間羅斛併暹為暹羅斛國與元通使洪武五年國王參烈昭毘牙表貢方物上賜織金文綺其女兄參烈思獰表貢中宮却之參烈昭毘牙以懦廢從父參烈宝毘牙喝哩哆囉祿代立十年遣子昭祿羣膺入貢上命貟外郎王恒中書省宣使蔡時敏賜以印誥二十八年參烈宝毘牙喝哩哆囉祿卒昭祿羣

膺嗣永樂二年乞量衡為國中式予之是時稱暹羅國遣使聘琉球舟漂入閩有司籍其物請命上曰夷邦修好美事也救災恤患匹夫猶然況天子哉還其物為治舟廩而遣之十三年昭祿群膺卒子三剌波摩札剌的賴嗣以兵侵滿剌加滿剌加來訴敕諭暹羅曰滿剌加事朝廷謹與爾國無間而爾擅伐之是蔑朝廷也此非國王意或右右美王兵以逞忿耳其禁戢之毋縱使者來謝罪自後朝貢不絕而我亦輒遣使封其嗣王自三賴波摩札剌的賴七傳為勃略坤息利尤池牙當嘉靖之世嘗貢白象象道斃進其牙及尾為驗其国王宮壯麗民樓居上聯檳榔片或陶瓦覆之王以受封天朝故留髮白布纏首腰束嵌

絲幌加錦綺誘象戎秉肩輿臣及庶民俱剪髮婦人留髮粧髻于後俗尚釋教経字皆横書横誦習水戰好鬪喜寇掠婦人多智夫聽於妻喪礼貴者用水銀葬民間鳥葬婚則用僧導送産宝石奇香犀象翠羽六足龜珊瑚焦竑獻徵録

暹羅在南海古赤土地後漢赤眉遺種本名暹羅斛暹一国羅斛一國居真臘南其音聲似東粵剪髮穿耳跣而纏腰及骭前後珍宝之國也暹土瘠不五穀羅斛莽平宜稼暹人仰給之元末羅斛人降暹并称斛暹暹明初大理少卿聞良輔持詔其國其王參烈昭毘牙遣使奉表入貢賜明曆參烈昭毘牙以懦廢從父參烈宝毘牙嗯哩哆囉禄禄代立以高帝九年遣其子昭

祿群膺修世見上遣禮部員外郎恒賁詔送之歸称其內齊家而外睦鄰賜暹羅國王印自是始称暹邏也參烈寶毘牙哩哆囉祿卒昭祿群膺立二十八年遣使祭其故王賜昭祿群膺雜繒諸物敕曰朕即位以來命使出疆周于四外諸蠻夷邦國君長履境者三十六聲聞者三十一大國十有八小國百四十九唯暹入中華最近亦唯最好礼守德故王已逝王紹緒有道於家邦明使者往來具言朕甚嘉之茲特遣人祭故王賀王登於新敘之哉成祖即位遣使入賀十三年昭祿群膺卒子三賴波摩札剌的賴立數侵凌滿剌加國滿剌加以告制解之暹邏自永樂中貢不絕上謂暹邏謹有所謂（賜）皆及其妃乃命三年一

貢許市會同館一再貿易所挾貲無税使還廣東有司宴境上章庿以後不常至然未嘗絶也正統二年王悉里麻哈賴九年王谷戎有替下十一年思利波羅麻惹智剌成化間有汀人謝文彬者販盐遇風飄入其國界遂入仕爲易名美爲貢使嘉靖中遣使貢白象象道死使使者取象牙鑲以金石珍宝留貯白象尾爲證尾置金盤内此時其王名勃略坤息利尤池牙隆慶初年東蛮牛求婚暹羅拒之東蛮牛恚圍暹邏破之王自經死虜其世子及中朝所賜印以歸次子攝國奉表請印上命給予暹羅既敗其後頗爲東蛮牛所制萬曆間其国王引兵迎擊東蛮牛殺東蛮牛胥遁暹羅遂移軍攻降真臘從此年年用兵雄

於海外其國方千里峰巒峭峻山色如白石地濕上昧惡嵐熱無常侯國中有塔曰西塔其始造時值鄭和時（至）削其合尖後屢合之不（能）尖也王所居宮用黃金塗帽金帽若白抹首劚周於身以受明封獨不剪髮臣民遙見王合掌偃僂捫王足三乃自捫首三謂之頂上息用周正蝦蟇生則拜月曰毋使食也教用釋旁行為書記大刑用烹鋸男子聽決婦人謂其多智許其私也為樓居貫檳榔於藤四維之亦削檳榔之幹為鏢以吴牛之革為遁行錢貝不用貝則國必大疫其屬國曰亦坤 何喬遠名山藏

暹羅國在南海中自東莞放洋歷占城西南行順風七晝夜至其北岍連交趾本暹與羅斛二國暹土瘠不宜耕稼羅斛平衍

多羈暹仰給焉或曰暹即古赤土羅斛即古婆羅剎赤土亦扶
南別種也隋大業三年遣屯田主事常駿等使赤土自南海郡
舟行二旬達雞籠島至其界王姓瞿曇氏禮遇甚厚隨貢方物
献金芙蓉冠龍腦香鑄金為多羅葉文表封以金函後改名暹
元成宗元貞初暹国進金字表來貢至正間暹降羅斛為一國
洪武初遣大理少卿聞良輔往諭之四年其王參烈昭昆牙遣
使奉金葉表朝貢賀正旦賜大統曆六年其子參烈寶昆牙復
遣貢併献其國地圖十年貢象及方物命禮部員外郎王恒等
賷詔賜以暹羅國王之印十六年給勘合文冊令朝貢以時二
十八年遣中使賜嗣王昭祿群膺及妃文綺永樂元年奉表乞

量衡為國中式并賜金綺古今列女傳爾後定三年一朝貢貢道由廣東二年福建布政司奏有番船泊岸暹羅國與琉球通好已籍船物請命上謂礼部尚書李至剛等曰諸番修好乃美事漂舟所宜嘉恤令所司為治舟廩而遣之七年奉表遣祭仁孝皇后使還諭歸南海流民何八觀等十三年嗣王侵滿剌加國勅令罷兵二十二年定例免抽貨税給賞畢日許於會同館開市宣德初賜予稍減成化十三年使來貢汀州士人謝文彬以販盐下海漂暹羅仕至坤岳坤岳者華言學士至是偕來貿易蓄貨事覺下吏弘治中命給事中林恒往冊封正德十年進金葉表文貢方物譯其字無識者大學士梁儲疏請選留來夷一

二名在館肄習從之嘉靖元年暹羅及占城各番船至廣東市舶中使牛榮縱僕私貿蘇木胡椒諸物當南京盤獲伏法三十二年貢白象及方物象斃于途遺象牙一枚使者飾以珠寶置金盤并象尾献上嘉其意遣之三十七年其王勃略坤息利尤池牙遣使賚金葉表來朝明年從貢使請特還抽稅佐脩船費隆慶初東蠻牛求婚暹羅不許統沙外兵破其國虜世子及賜印歸萬曆初嗣王擊走東蠻牛是後暹羅益强移攻真臘真臘請降七年復遣使具金葉表文来貢二十二年緬酋雍罕等從蠻莫遁歸暹羅巻甲趨之俘斬數萬緬勢遂衰其国方千餘里山迴環峭立侯嵐熱王宮壯麗覆以錫瓦民多樓居避濕樓容

聯檳榔片繫以藤甚固俗勁悍削檳榔木為鏢鎗水牛皮為牌并藥鏃習水戰大將多用聖鐵裹身刀矢不能入聖鐵者人腦骨也王跨象或乘肩輿白布纏首腰束錦帨以受封天朝獨留髮國中婦多智夫聽于妻遇中國男子輙私之以諸香澤其軀髮日夕三四浴男陽嵌珠玉富者範金盛珠行有聲婚則取女貼男額沃土力穡尚釋教經字皆横書家及百金即以其半施佛重喪礼貴人以水銀灌屍瘞高阜地民間或筏浮於海迎僧呪大鳥食之頃刻盡謂之鳥瘞釀秫為酒甲諸夷稱暹酒工刺繡織紝市用海𧴪言語大類廣東貢物犀象珊瑚宝石阿魏諸香六足亀西洋布之屬其旁國六坤風土相似多產椒（茅瑞徵象胥）

暹羅在南海古赤土及婆利羅剎地也以赤土故後人訛為赤眉遺種隋大業二年募能通絕域者屯田主事常駿等自南海郡乘舟使赤土宣詔畢為奏天竺樂曰今是大国臣非復曩赤土國矣以鑄金為多羅葉隱起成文為表金函封之遣子隨駿還報此通中華之始也隋書曰王遣船三十艘來迎進金鏁以金纜駿船月餘至都遣子那邪迦送金盤貯香花并鏡鑷金合二枚貯香油金瓶八枚貯香水白疊布四條擬供盥洗其日那邪迦又將象二頭持孔雀蓋以迎并致金花金盤以藉詔函男女百人奏蠡鼓婆羅門二人導路至王宮駿等奉詔上閣王以下皆坐宣詔訖引駿等坐奏天竺樂事畢駿等還館遣婆羅門就館送食曰飲食踈薄願大国意而食之後数日請駿等入宴前設兩林林上並設艸葉盤方一丈五尺上有黃白紫赤四色之餅牛羊魚鱉蝳蝐之肉百餘品延駿升林從者坐于地席各金鍾置酒女樂迭奏礼遣甚厚尋遣那邪迦隨駿貢方物并献金芙容冠龍腦香令婆羅門以香花奏蠡鈹送之唐貞觀時婆利羅剎與林邑

使者偕來唐書曰婆剌東即羅剌也常駿使赤土遂通中国其後分為暹與羅斛二国暹瘠土不宜耕稼羅斛土平衍而種多獲暹取給焉元元貞初暹遣使入貢賜來使素金符佩之元史曰元元貞元年進金字表欲朝廷遣使至其国比表至已先遣使盖彼未之知也使急追詔使以同往以暹人與麻里予兒舊相仇殺至是皆歸順有旨諭暹人勿傷麻里予兒以踐尔言大德三年暹国主上言父時朝廷嘗賜鞍轡白馬及金縷衣乞循故事以賜帝以丞相言彼小國而賜馬恐其隣邦都葦譏議朝廷竟賜金縷衣不錫以馬迨至正間暹降羅斛遂稱暹羅斛洪武四年國王參烈昭毘牙遣使奉金葉表來朝七年使臣沙里拔繼至自言衔命來王去秋八月壞舟烏猪洋漂至南海所餘貢物僅蘇木降香兜羅錦來獻不敢自外於包茅上討

其無表詭言舟覆而方物廼存必番商也卻之詔中書礼部曰古者中国諸侯
比年一小聘三年一大聘九州之外則每世一朝所貢方物不
過表誠敬而已高麗稍近中国頗有文物礼樂與他番異是以
命依三年一聘之礼其他遠国如占城安南西洋瑣里爪哇浡
泥三佛齊暹羅斛真臘等處新附国土入貢既頻勞費甚大朕
不欲也今遵古典不必頻
煩其移文使諸国知之　九年國王哆囉祿遣其子昭祿羣膺
貢象及方物下詔褒諭賜暹羅國王印自是始称暹羅從朝命
也二十年再貢二十八年哆囉祿殂遣中使趙達往祭兼賜嗣
王昭祿群膺及妃綺帛氈布有差永樂元年遣使賀即位二年
表貢方物遣中使李興往勞賜文綺鈔帛四年貢使嗣至表乞
量衡式許之并賜古今烈女傳是秋国王遣使琉球修好遭風
漂舟入閩守臣籍記方物以請上謂李至剛曰屬夷締盟美事

也朕豈有利焉卿有善人猶能救人於危況朝廷統御天下哉今有司給粟俟便風導之去七年使凡兩至首春以祭仁孝皇后秋九月更脩職貢厚報之時南海叛民何八觀等屯聚島外竄入暹羅至是使歸兼諭國王毋爲逋逃主八年貢使附送八觀等還降勑嘉美十年冬貢復至十三年昭祿群膺祖子三賴波磨札刺的賴嗣暹羅於滿刺加夙鞭箠使之征輸惟命然猶歲歲開兵隙十七年詔暹羅國王與滿刺加平十八年貢又至遣中使楊敏護其使還國報禮王十九年春奉表謝侵滿刺加之罪七月貢如常儀蓋是歲使又兩至云二十一年貢至賜鈔幣如礼其後着令三載一貢至成化間汀州士人蔡文彬者以

販盐下海飄入暹羅因仕其國後充貢使至留都遇從子瓚於途為織錦綺以貿易事覺下吏竟遣歸然成化後大率六年一貢矣嘉靖三十二年使至貢白象及方物途中白象已斃遺象牙一枚使者以珠宝飾之置金盤內并貯白象尾毛為信廣志曰象牙一枚長八寸首尾廂金起花牙首大五寸七分廂石榴子十顆中廂珍珠十顆宝盈顆尾大二寸廂金剛鑽一顆上嘉其意而礼遣之隆慶初年東蛮牛俗名放沙求婚暹羅暹羅拒之峻東蛮牛恚甚統沙外兵圍暹羅破之王自經死虜其世子及中朝所賜印以歸次子攝國奉表請印曰暹羅部領數十國非天朝印不得調兵上命給予時鄭汝璧為禮部郎白內閣不知印文云何閣臣曰第鑄暹羅國王印予之可耳鄭曰國初受封未必即稱王且篆文尺寸或有未合予彼不便彼所存公移舊印文固在也宜檄粵東撫臣往取

循以給之内閣曰然嗣取印文至則都統使印也遍考諸書因王印是永樂時賜而耳目刺謬若此豈先朝佯為篤御之術耶抑近來在事者因更給而故殺其權耶存之以俟知者

暹羅既敗其後頗為東蠻牛所制嗣王整兵經武志在復仇萬曆間東蠻牛復來寇嗣王引兵迎擊之殺其子東蠻牛宵遁不敢復窺暹羅暹羅新雄海外遂移軍攻真臘降從此年年用兵遂霸諸國矣比倭寇朝鮮部議遣材官諭諸國率兵攻倭暹羅頗領所部前驅自効經略都御史宋應昌以聞會倭酋死避去不果行焉其土下濕氣候嵐熱不齊民悉樓居樓密聯檳榔片藤繫之甚固藉以藤席竹簟寢處其間王宮高九丈餘以黃金為飾雕鏤八卦備極弘麗隋書赤土傳王居有門三重每門圖畫飛仙菩薩之狀懸金花鈴旄王宮諸屋悉是重閣北戶北面而坐坐三重之榻王榻後作一

木龕以金銀五香木雜鈿之龕後懸一金光燄夾燭又樹二金鏡前並陳金甕金鑪當前置金伏牛前樹一宝蓋左右皆有宝扇然則今之暹羅猶累祖其華靡也諸酋見王礼制甚肅望門自拜膝行乃前王與國人白布纏首被服長衫腰束欹絲帨王獨加錦綺跨象或秉肩輿尚釋教國人効之赤土傳曰其俗敬佛百金之產便以其半施佛婦人多智丈夫事無大小悉歸與婦計之聽其裁決婦見華人慕悅之置酒款接留宿酣狎以為常夫不能禁也吾學編曰男陽嵌珠玉貴者範金盛珠行鏗然有聲婚則群僧迎壻至女家僧取女紅帖男額以為吉祥喪礼以水銀灌之葬於高埠蓋塔其上貧家鳥葬耳以礬製紙施烟粉為白黑田平而沃稼穡豐熟其俗勁悍善水戰星槎勝覽曰削梹榔木為標鎗水牛皮為牌藥鏃等器大將多用聖銕裹身刀矢不能入聖銕者

人腦骨也方言謂天為普賴地為佃因日為脈月為晚官制凢九等一曰握啞往二曰握步剌三曰握嘮四曰握悶六曰握文七曰握扳八曰握郎九曰握救坤文則使臣在館教習譯字生者

形勝名蹟

其国有欵細湾細彝滑沾奔諸府皮細祿倒腦細可剌諸司

大帽山在王宮後

筆架山三峰接連如筆架状

黎頭山

椰樹灣

竹嶼

黄河水水自五月一派從海中來漸而漲田其地四月插苗苗隨水漲而發水漸高苗亦漸長遂至六七尺漲以九月始退退則稻熟可収田涄水而肥其来純白膵壤多取給為

三寶港是港無鱷魚

金城在王宮

金塔在殿内其中金佛無數高七八尺小一二尺

三関其一為程畫所轄其二為本夷所轄其三為佛郎機日本所轄

錫門華人出入必經之處鄭和為建卓揆扁曰天竺国

禮拜寺永樂間鄭和所建寺甚宏丽佛高與禹屋齐

三宝廟在第二関祀太監鄭和

西塔其塔無合尖閏夷人衲建塔功成鄭和令削去之後屢緝不能就

物産

珠徐衷南方状曰採珠用五牲祈禱若祠祭有失則風攬海水或有大魚在蚌左右海賈曰中秋有月是歲多珠

珊瑚圖經曰生海底作柯枝状明潤如紅玉海中經曰取珊瑚先作鉄網沉水

底珊瑚貫中而生歲高三二尺絞網出之皆摧折在網中故難淂完好者今一統志云以絲繩繫五爪鉄猫兒用黑鉛為墜擲海中取之亦遺法也本朝充貢

琥珀 博物志曰松脂淪地中千年化為茯苓又千年化為琥珀

猫精石 宝貨辨疑曰猫精出南番酒色潤如指向大者愈大愈好每遇大雨衝流沙中拾取之暹羅本朝充貢

寶石 華夷考曰錫蘭高山參天頂產青美藍石黃雅滑石青紅宝石

金剛鑽 抱朴子曰金鋼生水底石上如鍾乳狀體如紫石英沒水取之鉄擊不能傷華夷考曰金剛砂出溪山高頂人不可到乃鷹準打食却于野地上鷹糞中獲淂以其能鑽定器為名金剛鑽

犀角 本朝充貢

象牙 本朝充貢

翠羽 本朝充貢

玳瑁

龜筒 嶺表錄異曰人立背上可附而行取殼以生淂全者為貴初用木換出其肉楚毒鳴吼如牛古人謂龜脈筒指此工人以其甲通明黃色者煮拍陷瑇瑁為器謂之龜筒

花錫 尔雅錫謂之鈏

鉛 地鏡圖曰艸青埜赤秀下有鉛

羅斛香 一統志曰味極清遠亞于沉香本貢充貢

檀香 葉廷珪香譜曰皮實色黃者黃檀皮潔色白者為白檀皮腐色紫者為紫檀並堅重清香白檀尤良

乳香 佛書謂之天澤香言其潤澤也又謂之伽羅香

降香 本朝充貢俗呼船上來者為番降

片腦 華夷考曰產暹羅諸

国高二三丈皮理如沙柳腦則其皮間凝液也島夷以鋸付挩就谷中尺断而出剥採之有大如指厚如二青錢者香味清烈瑩潔可愛謂之梅花片鬻至中国檀翔價為復有数種其次耳本朝充貢

薔薇水 華夷考名酴醿露曰海国所産天氣淒寒零露凝結着他艸木乃氷澌木稼殊無香韻惟酴醿花上瓊瑶晶瑩芬芳襲人若甘露焉夷女以澤躰髮膩香經月不滅暹羅尤特愛重競買罟不論置

兜羅綿 瞿盧夫曰兜羅綿刀矢不能入

明角

烏角

蠬 見星槎勝覽

阿魏 酉陽雜俎曰樹長八九尺皮色青黄断其枝汁出如飴名阿魏海上耳談謂傳之暹羅商云樹如棘叢生刺若蝟毛春初麞麂孳逐狂奔著樹輒死地産大蟻瘞泥沙嗳之成封垤夷人乃以竹筒作筅射瘞中筒溜成藥彼中食料以此爛物如乾肆忌臭按唐本註曰性極臭而能止臭亦奇物也

獺皮

蕪木 吾學編曰暹羅蕪木賤如薪色绝勝本朝充貢

夷䒗 以夷泥為之俗名于枉夏月貯水可以不敗

大風子 本艸釋名曰能治大風疾故名

紫梗 本艸名紫鉚蕪恭曰紫色如膠作赤麖皮及宝鈿用為假色用以膠宝物云蟻於樹藤皮中為之如蜂造蜜所謂赤膠

没藥 圖經曰海南諸国有之根株如橄攬葉青而密歲久者膏液流滴地下凝結成塊一统志曰樹高大如松皮厚一二寸採時掘樹下

為坎用斧伐其皮脂流于坎旬餘方取之本朝充貢

血竭

本艸名麒麟竭物如乾血故曰血竭南越志云是紫鉚樹之脂也為驗真偽但嚼之不熳如蠟者佳

孩兒茶

本艸綱目名烏爹泥曰出暹羅諸國是細茶末入竹筒中堅塞兩頭埋汚沍中日久取出搗汁熬制成塊小而潤澤者為上大而枯焦者次之

蓬蓬柰

華夷攷曰華言破肚子蓋菓實也産於暹羅之崛隴如大棗而青島夷乾以附遠漬以沸汁其皮自脫圓滿如大李肉潤臟甘美可啖

檳榔

椰子

酒

方與勝覽曰四夷中酒暹羅為最

犀

埤雅曰犀有四華紋如桑椹或如狗鼻者上黳犀無紋螺犀紋旋特犀紋細

象

埤雅曰象性久識能浮水出没惟鼻是其本肉膽不附肝隨月轉在諸肉鼻端有小爪可以拾鍼暹羅本朝充貢

鶴頂鳥

楊用修載刹安期曰鶖鶬水鳥黃喙長尺餘南人以為酒罷即今之鶴頂也○按華夷考曰海雀大者修頂五尺許翅足稱是吞常鳥如喫魚鱔晝啄于海暮宿巖海谷間島夷以小鏢伏于雀常宿所剌之乎旦有獲五六頭者剝其頂售于舶估比至閩廣價等金玉●又南番大海中有魚頂中魷紅如血名雀魚以為帶號雀頂紅有人在達官処見其雀頂紅帶云是雀頂剪碎夾打而成

孔雀

本朝尾充貢

鸚鵡

異物志曰行則以口啄地然後足從之忌以手模其背花者即

不飲啄而卒故圖賛云鸚鵡慧鳥棲林啄蓝四指中分行則以嘴六足龜大明會典云暹羅献六足龜白鼠見吾學編　六坤暹羅属國也風土與暹羅盡相類第六坤地故產椒是暹羅所無　交易・賈舶入港約三日程第三關舟至則偵者飛報於王又三日第二關又三日至佛郎日本關所至輙聽與其近地交易不必先詣王也既至王城以幣帛橙橘之類貢王然王深居而不得見其俗以海貝代錢是年不用貝則國必大疫故相沿不改貝即今螺巴星槎勝覽云每一萬准中统鈔二十貫貿易輸稅各有故事國人礼華人甚摯倍於他夷真慕義之國也　論曰林邑風通中華居然雄國暹羅自赤土攀隋亦便有衣被旦震意明興內附洗沐雲油占城見苦交人則屢詔銷其鋒暹羅躙蹂

滿剌加則十行折其銳葢莫不義畏而仁懷焉然占城從征而有二心於交暹羅當海内清夷輙請遣子入學當屬國雲擾又請助戰擒倭夫固二國之優劣也張燮東西洋考

國濱海與（本）暹與羅斛二國後併爲一洪武四年其國王參烈昭毘牙遣使奉金葉表來貢方物賀正旦六年參烈寳毘牙復遣貢併獻其國地圖十年遣人齎詔及印往賜之十六年給文冊永樂元年遣使乞量衡爲國中式自後定三年一朝貢貢道由廣東萬曆七年遣使具金葉表文入貢　貢物　象象牙（犀）角孔雀尾翠毛龜筒六足龜宝石珊瑚金戒指片腦米腦糠腦腦油腦柴檀香速香安息香黄熟香降真香羅斛香乳香樹香木香

復

烏香丁香薔薇水碗石丁皮阿魏紫梗藤竭藤黃硫黃沒藥烏爹泥肉荳蔻胡椒白荳蔻蓽茇蘇木烏木大楓子苾布油紬布白纏頭布紅撒哈剌布紅地紋節智布紅杜花頭布紅邊白暗花布乍蓮花布烏邊葱白暗花布細棋子花布織人象花文打布西洋布織花紅絲打布織雜絲打布紅花絲手巾剪絨絲雜色紅花被面織人象雜色紅花文絲縵大明會典

爪哇國

古名闍婆自占城起程順風二十晝夜可至其國地廣人稠甲兵為東洋諸蕃之雄舊傳鬼子魔天與一罔象青面紅身赤髮相合凡生子百餘常食啖人血肉佛書所云鬼國即此地也其

中人被唉幾盡忽一日雷震石裂中坐一人衆称異之遂爲国王即領餘衆驅逐罔象而除其害復生齒安業至今其國之遺文後書一千三百七十六年考之肇在漢時至我大明宣德七年矣其港口入去馬頭曰新村居民環接編茨棒葉覆屋輔店連行爲市買賣其國富饒珍珠金銀鴉石猫精青紅等石琿璖瑪瑙荳蔻蓽蕟子花木香青藍無所不有蓋通商旅最衆也其鸚鵡哥孔雀能馴言語歌曲其倒掛鳥身形如雀而羽五色日間焚好香則收而藏之羽翼間夜則張尾翼而倒掛以放香民好兇強生子一歲便以七首佩之名曰不剌頭以金銀象牙雕琢爲靶凡男子老幼貧富皆佩於腰間若有爭詈即拔刃相刺

蓋殺人逃三日而出即無事矣男子猭頭裸身婹圍單布手巾能飲酞酒重財輕命婦人亦然惟項金珠聯紉帶之閒兩耳塞茭樟葉於竅中其喪事凡主翁病死婢妾輩相對而誓曰死則同往臨殯之日妻妾奴婢皆滿頭簪艸木披五色手巾隨屍至海濵或野地舁屍於沙地俾衆犬食盡爲好如食不盡則悲歌號泣堆柴於旁衆婦坐其上良久乃縱火燒柴而死葢殉葬之礼也蘓魯馬益一地名也爲市聚貨商舶米糧港口有聚猢猻數百相傳唐時其家五百餘口男婦兇惡忽一日有僧至其家與言吉凶之事其僧取水噀之俱化爲猿猴止留一老嫗不化今存舊宅土人及商者常設飯食檳榔花果肉類以祭之不然

則禍甚驗也杜板一村之地名也海灘有一水甘淡可飲称為聖水元時使將史弼高興征其國經月不下舟中乏水糧盡二將拜天祝曰奉天伐蠻若天與我水即生不與則死遂插鎗鹹苦海中其泉隨鎗湧起水味甘甜衆軍汲而飲之乃令曰天賜助我可力戰也兵威由是大振敢聲奮擊番兵百萬餘衆悉敗走乘勝長驅生擒番人烹而食之至今称中國能食人也遂獲酋長以歸既服罪尋放還仍封為瓜哇國王我朝太宗文皇帝遣正使太監鄭和等捧詔勅賞賜國王王妃及部領村主咸受天賜其國王遣使絡繹進貢方物費信星槎勝覽

古者闍婆其國有四皆無城郭初入杜板次入厮村次入蘓魯

馬益次入滿者伯夷王都也王宮四面磚墉墉高餘三丈方三
百（十）餘里門館深巖屋（高）四丈覆地以板蒙以藤花蓆跏趺而坐危
以堅木民居茅茨類皆磚庫坐卧於内王蓬頭頂金葉冠胸縈
嵌絲帨腰束錦綺曰壓腰腰佩短刃曰不刺頭跣行或跨象或
秉井民間男蓬頭女椎結上衣下帨男必腰刃無老弱貴賤貧
富皆然刃必雪花色鑌鐵鑄之柄飾以金或犀象飾往往蒙鬼
面倫極精巧會聚間有犯其首必（及）爭鬬必以佩刃刃之傷死則
遁踰三日則免罪當即捕獲則仍受刃官無鞭朴罪不問重輕
以藤繫之必刃以死殺戮為常不足怪也市易用中國銅錢杜
板者曰賭板地名也約以千餘家主以二酋間有流寓多廣東

人也漳州人也海渚小池水甘洌可飲號聖水傳云元將史弼高興征闍婆經月不克登嶼三軍乏水渴甚二將默禱卓槍於渚泉遂湧出軍賴以濟又東行半日至廝村曰革兒昔者故沽灘地中國客此而成聚落遂名新村約千餘家村主廣東人也諸番船至此互市金寶番珍充溢居人多富又南水行可半日至蘇魯馬益港口淡水淺澁僅通小艇二十餘里始至蘇魯馬益曰蘇兒把牙約千餘家亦有首領間有中國人港口大洲林木蔚茂長尾猿萬數聚於中一里猿俗云胡孫也老猿為主曾掠老番婦與俱國人求者必具酒殽祈于老猿猿食之餘從群競食食盡少選猿雌雄交以此為徵求嗣人回即有娠不然無

應也又水行八十里至埠頭曰漳沽登岸西南陸行半日至滿者伯夷乃王都也無二三百家總領七八人皆王佐也氣候常熱如夏稻歲兩熟坐卧無榻椅飲食無匙匕喫檳榔不離口其飯於盤酥澆之餐則嗽去榔脣向盤掬而食食既水飲待賓以檳榔人有三等西番賈胡流落而居久者服食皆雅潔一等也唐人如廣東漳泉人流寓者食用鮮華率尚回回教持齋受戒一等也顏色黝黑裸頭赤脚崇信鬼道釋云鬼國即此土人也飲食粗惡喫蛇蟻虫蚓燎以火而已與犬同寢食不以為穢也傳云昔有鬼子魔王青顏紅膚赤鬚髮與罔象交而生子百餘以人為粮忽雷震石裂乃出一人衆異之推為主遂領兵驅罔象

鬼子而去由是人得安爲俗尚武勇歲設竹槍會始于冬十月王偕妻出觀夫妻各坐一塔車妻前夫後車高丈餘四跪軒窓駕馬以行至會開場列陣相向各操竹槍勁實若鉄登場者亦携妻至妻亦操三尺棒相格曰那刺格已被傷斃者王遣勝者出金鈔一筩償之以孀婦勝者即已凡婚姻男造女家合卺後五日迎婦歸鳴金鼓吹椰筩擁以刀盾前後甚都婦則裸而被髮跣足縈嵌絲帨戴被金珠綵飾宝粧無不周備姻隣亦以檳榔花艸寘綵舟助之燕樂數日始散喪事於病革子弟請遺命或水火葬或犬腹葬舁屍至海濵縱犬飡之盡不盡拾其遺投水而後已尤慘於水火也有寵妾者誓與主同往盛粧悲號俟

焚骸火熾亦投火死之民間般富貿易用中國古錢字書無紙刻於茭葦葉類鎖俚字以二十兩爲斤十六錢爲兩四姑邦爲錢每邦二分一厘八毫七絲五忽截竹爲升升爲一姑剌蓋一升八合也升爲榛黎蓋八升中國一斗四升四合也月望酋娘或二十餘或三十餘爲華成隊月下縛臂聯行俚歌唱和遍歷宦戚豪門必投賞以錢又有展畫指畫以諭衆聽環之坐者有笑有哭殊能動人最重中国花磁暨麝花絹綺羅厥産白芝麻菉豆蘇木金剛子白檀肉荳蔻龜筒玳瑁鸚鵡有緑紅五綵者鷯哥皆能言又有珍珠雞倒掛鳥緑鳩孔雀珍珠雀緑鳩之類白鹿白猿猴羊猪牛馬雞鴨亦有之果有芭蕉子椰子甘蔗粗

大長可二三丈石榴蓮房蜜柿郎扱若枇杷稍尖中有白肉馬歡瀛涯勝覽

爪哇古闍婆國又名莆家龍元稱爪哇其國分東西二王所屬有蘇吉丹打板打綱底勿諸國洪武三年王昔里八達剌遣八的占必奉金葉表貢方物及黑奴三百人納元所授宣勅已而我使至三佛齊爪哇要而殺之十三年王達那巴那務遣阿烈彜烈時奉金葉表朝貢上遣其使還詔諭責王遂絶其使永樂二年其國王遣使朝貢請印與之五年西王都馬板與東王戰滅東王時我舟過東王城西王殺我百七十人西王懼遣亞烈加恩謝罪勅詰責西王令償死者黃金六萬兩已而遣人貢萬

兩禮官請索如數上曰朕利金耶令遠人知畏耳蠲其金賜鈔幣諭之十六年西王楊惟西沙遣人獻白鸚鵡正統八年令三年一貢其國四鄉初至杜板僅千家二酋主之流寓廣東漳泉人又東行半日至廝村中國人客此成聚落遂名新村約千餘家村主廣東人番舶至此互市金寶充溢人富饒又南水行可半日至淡水港乘小艇行二十餘里蘇魯馬益亦有千餘家半中國人港傍大洲林木蔚茂有長尾猱數萬又水行八十里至漳沽登岸西南陸行半日至王所居滿者伯夷僅二三百家總領七八人王宮磚墉墉高餘三丈方三十餘里屋高四丈地覆板蒙藤花席跏趺而坐民居茅茨磚庫坐卧於內王蓬頭頂金葉冠

胷縈嵌絲帨腰束錦綺佩短刀跣足跨象或乘牛民男蓬頭女
椎結上衣下帨男必腰刀刀極精巧刑無鞭朴罪不問輕重籐
繫刀殺之市用中國古錢衡量倍於中國磁廚綺帛國人大抵
三種西番賈胡居久者服食皆雅潔中國流寓者尚回回教持
齋受戒曰唐人土人有名無姓尚氣好鬪顏色黝黑猱頭赤脚
信鬼坐卧無椅榻飲食無匙箸啖蛇蟻蟲蚓與犬同寢食不爲
穢也婚男造女家後五日迎婦金鼓刀盾前後甚都婦裸被髮
跣足縈嵌絲帨戴被金珠綵飾宝粧婭有水葬火葬犬葬惟死
者所欲產金珠銀犀角象牙玳瑁青鹽檳榔椒香蘇木桄榔木
吉貝倒掛鳥綵鳩綠鳩綠紅白鸚鵡白鹿白猿猴　鄭曉吾學編

爪哇唐訶陵國宋爲闍婆元爲爪哇在占城南自泉州開洋一月可至所屬有蘓吉丹打板打綱底勿諸國洪武二年遣使詔諭之并歸其國人之使元者五年國王昔里八達剌遣使八的古必奉金表貢方物納元所授宣勅十年王八達那邑那務貢白鹿孔雀諸物已而我使封三佛齊道其境爪哇邀殺之上因其使至降勅切責其後國分東西永樂元年西王都馬板二年東王孛令達哈皆遣使貢並賜文綺給鍍金銀印已東王復貢神鹿亡何爲西王所攻殺并其國時我使以往諸番過東王城蒙亂死者百七十人西王惧遣使謝罪上勅西王曰爾國東西並建共事朝廷而爾擅滅東王有其地禍延於我使臣朕將爾

討以爾知悔於厥心姑止兵勿進其輸黄金六萬償死者西王
進萬金礼臣請征如勅上曰朕令彼知畏耳寧利金耶罷勿徵
仍賜鈔幣諭之使者往王礼之益恭其國有舊港宣慰司介爪
哇滿剌加間或傳我欲割其地畀滿剌加爪哇大恐上聞之諭
非朝廷意毋自疑其王楊惟西沙遣使謝楊惟西沙都馬板更
名也自是入貢不絶正統間使臣亞烈馬用良死諦男亞先後
乞賜金銀帶予之亞烈八諦皆官名用良與通事良殷南文旦
皆漳州人殷乞還鄉用良文旦乞便道過里仍還國從之命有
司給道里費時真臘等十一國使臣歸勅爪哇護其行廣東參
政張琰言爪哇朝貢頻數供億煩費敝中國以事遠夷非計上

是其言諭三年一朝貢是後遂稍踈景泰間國王爲巴剌武國
有四鄉初至杜板僅千家多閩粤人水行半日至新村華人居
之成市番舶輻輳饒金宝去蘇魯馬益一舍而近蘇魯馬益多
林木產長尾猴水行八十里陸行半日至滿者伯夷即王居也
王居磚墉高餘三丈周三十餘里民居亦壯丽市用中国古錢
衡量倍於中國俗少盜不設刑禁輕者許以物贖重者籐繫殺
之書同瑣里無紙筆惟以尖刀刻於茭葦葉上男子必佩刀刀
極精巧坐卧不設椅榻飲食無匙筯啖鮀蟻虫蚓與犬同寝食
不爲穢也婦女數十成隊月下唱和至親友家輒贈以錦帛婚
則男造女家後五日迎婦金鼓刀盾前後甚都婦裸被髮跣足

縈嵌絲帨被金珠綵飾宝粧奩則水火或犬食之其國移文嘗書一千三百七十六年豈肇啟漢初時耶山川有老岓山鸚鵡山八節澗產金銀珍珠犀角象牙玳瑁青鹽龍腦香蓽澄茄桄榔木吉貝白鸚鵡白鹿白猿猴旁有碟里日夏羅治金猫里三國永樂三年遣使附爪哇入貢後遂絕焦竑献徵録

爪哇唐訶陵國也一曰闍婆一曰蒲家龍其國東古女人西三佛齊南古大食北真臘其屬夷有蘓吉丹打板綱底勿數種而三佛齊亦羈事之高帝即位遣行人賜之璽書頒明曆遣送其故時使元之未歸者四年國王昔里八達剌八達蒲遣使表貢方物納元宣勅受明封昔里八達剌八達蒲死子八達那巴那

務立九年三佛齊国王子父死不敢自王求封天子高帝嘉其恭使使往道爪哇境上爪哇謂三佛齊故我羈事而明封與埒要殺使十三年獻黑奴三百上切責所以要殺明使者絕其後獻而詔諭之曰吾欲枸爾使念父母妻子之恋夷夏一也是時其國已分為東西二王東王王東海西王王西海矣成祖即位西王都馬板遣使入賀賜其王襲衣文綺二年東王孛令達哈遣貢求王印予之復賜東西二王雜繒幭帨罽四羊酒及王妃繒綺諸物三年西王復賜貢其旁近牒里日夏羅治金猫里三小國亦附之來四年二王皆貢五年西王擊東王滅之明使者在東王城者百七十人並在擊殺中西王惧罪請以黄金三千餘斤

贖罪併請立東王子從之既所贖三不足一上曰要使遠人知罪則已赦不問八年十一年西王歲貢十三年更都馬板曰楊維西沙使者常不絶宣德後乃稍踈正統中令其三歲爲期其後亦間貢耳而東王竟久不至蓋先是爲西王所破詭言欲立其子竟不果而遂㦸一爪哇人黥面髡跣腥食啖蛇蟻虫蚓至與犬同卧噉俗好鬬子生一歲佩之匕首以金銀象牙爲靶名曰不剌頭忿則挾相刺殺人者能逃匿出三日即不復抵罪婚則男過女家者五日乃迎婦歸婦披髮裸跣縈縿被金宝前後擁衛如軍容病則禱不服藥葬用水火犬三雞死者所命之貴人死妾婢隨至野委貴人屍於衆犬自焚以殉之其王蓬首冠

金葉胸繫縑腰束錦四丈之宮磚墉以居藤蓆而跏趺乘象或牛眾無重輕皆刑殺市用中國古錢衡量倍中國鄭和至其國時遺石控可百斤其重二千餘人不能舉也一日舉之　所國中大瘟疫國王所乃移還和所置處故志其國四鄉富饒瀦溢閭粵西番人至久賈長子孫地廣人稠為東洋諸番冠而余嘗至粵下博問諸賈胡謂爪哇窮儉酗酒嗜財好毒刼豈隆窳良悍夷亦有時也其屬國曰加留把丁機宜蘇吉丹主蘇吉丹國者曰吉力石吉力石有王百餘歲能知吉凶何喬遠名山藏

下港一名順塔唐稱闍婆在南海中者也一名訶陵亦曰社婆元稱爪哇一統志又名蒲家龍甲兵為諸番之雄王宮磚墉高三丈方三

十餘里屋高四丈宋史曰室宇壯麗飾以金碧地覆板蒙藤花席跏趺而坐唐書曰象牙為狀若席王蓬頭頂金葉冠胄縈嵌絲帨腰束錦綺佩短刀跣足跨象或乘牛前導有金鎗珠箧及孔雀尾傘之屬宋史曰其王推結戴金鈴衣錦袍躡革履坐方狀官吏日謁三拜而退出入乘象或腰輿壯士五七百人執兵器以從國人見王皆坐俟其過乃起云宋史曰王子三人為副王官有落佶連四人共治国事如宰相無月俸隨時量給次有文吏三百員目為秀才掌文簿總計財貨又有卑官千員分主城池帑藏及軍卒其領兵者每歲給金十兩勝兵三萬亦給金有差民居茅茨磚庫男蓬頭女椎結衣裳纏胸以下姻聘無媒妁但以黃金為礼將婚男造女家後五日迎婦以牛車載綵棚實繡女其中又作假新人新婦一雙粧束相迎向礼拜寺訂盟然後抵家其俗有名而無姓五月遊船十月遊山方輿勝覽曰每月望夜前後婦

数十人聚衆成隊一婦為首衆婦隨行月下首婦唱則衆婦皆和至親友富貴家贈以鈔帛等物每十月有竹槍會其国王及妃各乘一車至會所令男子二人為偶各執竹槍妻各執短木列其旁及交鬭一合妻各以短木格之曰那剌那剌則退設中槍死王令勝者與死者金錢一個死者妻即隨勝者而去樂有横笛鼓板自為夷舞謗所謂太平闍婆之徵也元史曰多出奇宝取貴於中国人則醜怪情性言語與中国不能相通病不服藥但礼佛祈禱喪有水葬火葬犬葬惟逝者所欲而已生子甫一歲以匕首佩之名曰不剌頭俗云吧六頭金銀象牙雕琢為靶無貧富悉佩腰間值忿争即拔刃相刺國人居相語曰病死天之所戮不若刺死者身自為雄也其輕命指生類如此劉宋元嘉時始入中國南史曰元嘉十三年国王師黎婆達阿陁羅跋摩遣使奉表曰宋国大主大吉天子足下教化一切種智安隱天人師降伏四魔成等正覺轉尊法輪度脱衆生我雖在遠亦霑靈潤至唐貞觀中遣使入貢

唐書曰王居闍婆城其祖吉延東遷於婆露伽斯城旁小國二十八莫不臣服上元間國人推女子爲王號悉莫威令整肅道不拾遺大食君聞之賫金一囊置其郊行者輒避如是三年太子過以足躪金悉莫怒將斬之郡臣固請之悉莫曰而罪實本於足可斷趾群臣復爲請乃斬指以徇大食聞而畏之不敢加兵大曆元和咸通之間使者屢至朝命優答之唐書曰大曆中訶陵使者三至元和八年獻僧祇奴四五色鸚鵡頻伽鳥等憲宗拜內四門府左果毅使者讓其弟帝嘉美並官之訖大和再朝貢至宋淳化三年其王穆羅咸通中遣使獻女樂茶遣使來貢云中國有真主本國願得比於外臣宋史曰先是船至明州定海縣掌市舶監察御史張肅先驛奏其使飾服之狀與嘗來入貢波斯相類譯者云今主舶大商毛旭者數往來本國因假其鄉導來朝貢又言其國王一號夏至馬囉夜王妃曰落肩婆婆利又其方言目船主爲勃荷主妻曰勃荷比尼贖

（其船中婦人名眉珠椎髻無首飾以蠻布纏身顏色青黑言語不能曉拜亦如男子膜拜一子頂戴金連鎖子手有金鈎以帛帶縈之名呵嚕）使還賞賚甚厚大觀三年再貢詔礼之如交阯元遣史弼高興征之終不能制（元史曰世祖撫有華夷其出師海外諸蕃者爪哇之役為大）我朝洪武二年遣行人賜爪哇國璽書三年王昔里八達剌遣使奉金葉表貢方物及黒奴三百人納元所授宣勅二道已而我使至三佛齊爪哇要而殺之（宋史曰其国與三佛齊有仇怨相攻殺）十三年王八達那巴務来貢上絶其使下詔責王永樂元年西王都馬板奉表賀即位二年東王孛令達哈遣使朝貢請印與之西王亦歲歲貢使来朝五年西王與東王戰滅東王時我舟過東王城西王殺我百七十人西王懼遣使謝罪勅責西王令償死者金六萬已僅入

貢萬金礼官請索如約上曰朕利金耶令遠人知畏耳蠲其金賜鈔幣諭之八年貢馬及方物十一年復貢是時三佛齊已降爪哇更名舊港中貴人吳賓使爪哇還奏言滿剌加國王詭請旨從爪哇索舊港地爪哇人不敢即予上降勅附來使慰諭之俾無猜惑十三年都馬板更名楊惟西沙專使謝恩十六年十九年凡再貢而東王久不至蓋先是為西王所破詭言欲立其子意竟不果而遂滅也正統二年再貢厚賜之景泰時請封賜鱗衣織蓋天順四年王都馬班貢使還國以綵幣賜其王及妃鄭端簡謂其國人大抵三種唐人土人而外西番賈胡居久者服食皆潔近紅毛番建礼拜寺彼中蓋其別種由來漸矣加留

玘下港屬國也半日程可到風土盡相類云

形勝名蹟

新村舊名斷村中華人客此成聚遂名新村約千餘家村主粤人也賈舶至此互市百貨充溢　西山中有人三百餘歲身穿紙衣卧樹上辟穀能知吉凶呼為老仙　覆𡾰山其上似釜故云　蘶魯馬益港傍大洲林木蔚茂千餘家強半是中国人又有長尾猿數萬人相傳唐時族衆兇悪一日有僧至其家取水噀之倶化為猿止留一嫗不化至今餘種猶存　麻喏巴歇村元史爪哇傳曰由戎牙路於麻喏巴歇浮梁前進又曽郎王追殺至麻喏巴歇後人訛為滿者伯夷中有二三百家総領七八人　潼逅山賈人登峅之處　郎卑野州唐書曰王嘗登之以望海夏至立八尺表景在表南二尺四寸　鸚鵡山出鸚鵡故名　石碇相傳是鄭和所遺者重只百斤二千餘人撞之不起又徙置他所瘟疫甚多国王乃遣還其處　吉利門元史曰大軍繼進吉利門　闍婆城唐書訶陵傳王居闍婆城　婆露伽斯城唐書吉延東迁處旁国二十八莫不臣服　淡水港去蘶魯馬益二十里

物產

金　銀唐書曰出黃白金　真珠宋史闍婆傳曰方言謂真珠為沒爺蝦羅宋及本朝皆充貢　犀角宋史曰方

言謂犀為低容其角宋及本朝充貢**象牙**宋史曰方言謂牙為家囉宋及本朝充貢**玳瑁**宋時充貢**沉香**
宋史曰方言謂香為崐墽盧林**擅香**宋及本朝充貢**丁香**生溪山中樹極辛烈不可近熟則自墮雨後洪潦漂山丁
香乃湧澗溪而出撈拾數日不盡宋時充貢**銅鼓**即今華人所用者諸国以爪哇為最振響過雲價直可數十金**龜**
筒本朝充貢**絞布**宋史有綉絞絞雜色絲絞本国充貢**吉貝**見宋史**藤花簟**宋時充貢**硫黃**見宋
史**紅花**習鑿齒所謂紅藍者也尔雅翼曰花生時但作黃色茸茸然故又名黃藍杵灌水淘絞去黃汁更擣以清酸
粟漿淘之絞如初即收取染紅**夷瓶**下港出者其色紅**蘆薈**本州曰一名訥會一名奴會俗呼象胆以味苦如胆
也一統志曰州屬狀如鸞尾採之以玉器搗研成膏**阿魏**一統志曰土人納竹筒樹梢脂滿其中冬破筒取脂或曰
脂毒人不敢近繫羊樹下自遠射之毒着羊羊斃即為魏**胡椒**樹如蒲桃葉如扁豆實如浮葵子蔓生栖桐上故国人語
曰未種椒先種桐**青鹽**唐書曰訶陵最富有穴自湧鹽按魏地記鹽大而青白名青鹽也**木瓜**爾雅謂之楙何
承文賦所謂方朝華而繁實比沙棠而有耀者也宋史載為爪哇所產**檳榔**見宋史**椰子**舊唐書曰以椰樹花為酒其

樹生花長三尺餘大如人臘割之取汁成酒味甘飲之亦醉

蝦蟟丹樹 宋史曰其酒出於椰子及蝦蟟丹樹蝦蟟丹樹華人未嘗見

波羅蜜

華澄茄 一統志曰藤蔓春花秋實白而實黑

蓽吉柿 華夷考曰如石柚樣皮厚潤有橘囊欅白肉四塊甘酸可食出依哇国夷人呼為網滑

赤白荳蔻 本朝元貢

海菜 海物異名記曰海生而紫蔓其大者為鹿角菜一名猴葵南越考曰猴葵色赤生石上謂之鹿角以其莖有岐也故名

思君 似波羅蜜而中無子烘食之似芋

蔄香 見宋史

蘸木 南州記云生海畔葉似绛木若女貞

犀象 見宋史

白鹿 見吾學編

猴 宋史曰国中多猴不畏人呼以霄霄之聲即出投以果實則二大猴先至土人謂之猴王猴夫人食果羣猴食其餘

孔雀 本朝元貢●愽物志云尾多變色喻如雲霞人之拍其尾則舞尾有金翠五年始成

鸚鵡 埤雅曰衆鳥足趾前三後一其目下瞼眨上惟鸚鵡四趾齊分兩瞼俱動雅翼曰五色尤慧白次之青為下按白者閣婆宋時元貢

懶伽鳥 唐時入貢

倒掛鳥 星槎勝覽曰身形如鸜而羽五色日間焚香則收藏之羽翼閉夜則張尾翼而倒掛以放香

綠鳩 似鸚鵡而小不復能言俗名柑樝鳥其五彩者名彩鳥

交易華

船將到有商來問船主送橘一籠小雨傘二柄商馳信報王比到港用果幣進王立華人四人為財副番財副二人各書記華人請夷語者為通事船各一人其貿易王置二澗城外設立鋪舍宋史闍婆傳云中國賈人至者待以賓館凌晨各上澗貿易至午而罷王日徵其税又有紅毛番來下港者起土庫在大澗東佛郎機起土庫在大澗西二夷俱哈板船年年來往貿易用銀錢如本夷則用鉛錢以一千為一貫十貫為一包鉛錢一包當銀錢一貫云下港為四通八達之衢我舟到時各州府未到商人但將本貨兑換銀錢鉛錢迨他國貨到然後以銀鉛錢轉買貨物華船開駕有早晚者以延待他國故也張燮東西洋考

國濵海即古闍婆有東西二王洪武五年其國王昔里八達剌蒲遣使奉金葉表貢方物并納元所授宣勅十四年来貢如初有黑奴三百人後絶其貢永樂二年其國東王孛令達哈遣使朝貢請印賜塗金銀印五年西王都馬板滅東王遣使謝罪正統八年令三年一貢後朝貢無常　貢物　火雞鸚鵡孔雀孔雀尾翠毛鶴頂犀角象牙玳瑁龜筒宝石珍珠薔薇露奇南香檀香麻藤香速香降香木香乳香黄熟香安息香烏香龍腦丁皮没藥肉豆蔻白豆蔻藤竭血竭蘆薈阿魏大風子番木鼈子蓽澄茄蓽茇悶虫藥黄蠟番紅土烏爹泥金剛子碗石錫西洋鐵鎗苾布油紅布蘇木烏木胡椒大明會典

舊港

古名三佛齊國自爪哇順風八晝夜可至其處自港口入去田土甚肥倍於他壤古云一年種穀三年生金言其米穀盛而多貿金也民故富饒俗囂好婬水戰甚慣其處水多地少部領者皆在岸造屋居之周匝皆僕從住宿其餘民庶皆於木筏上蓋屋而居以木樁拴閘或水長則筏浮起不能沒也或欲別居起樁去之連屋移徙不勞財力今為爪哇所轄風俗與爪哇大同小異地產黃熟香速香降香沉香黃蠟鶴頂之類貨用燒煉五色珠青白磁器銅鼎五色布絹色段大小磁甕銅錢之屬永樂十三年鄭和等統舟師往諸番國海寇陳祖義等聚衆於三佛

齊國抄掠番商欲来犯我舟師和等伏兵敗之生擒渠魁獻俘闕下由是溥海内外罔不清肅　重迦羅　其地與爪哇界相接高山奇秀内有一石洞前後三門可容一二萬人田穀與爪哇略同氣候常暑風俗頗淳男女撮髻身披单布長衫圍梢布手巾無酋長以年高有德者主之煑海為盐釀秫為酒地產羚羊鸚鵡木棉椰子棉紗貨用花銀花絹其處約去數日水程曰孫陀羅琵琶拖曰丹重曰圓嶠曰彭里不事耕種專尚寇掠與吉陀崎諸國相通所以商船少能至矣費信星槎勝覽

舊港即古名三佛齊國是也浡淋邦屬爪哇國所轄東接爪哇西接滿剌加國界南大山北臨大海諸處船来先至淡港入彭

家門裏繫船岍多磚塔用小船入港則至其國國人多是廣東
漳泉人逃居此地人甚富饒地土甚肥諺云一季種田三季收
稻正此也地方不廣人多操習水戰其處水多地少頭目之家
都在岍地造屋而居其餘民庶皆在木筏上盖屋居之用椿纜
拴繫在岍水長則筏浮不能淹沒或用別處居之則起椿連屋
而去不勞搬徙其港中朝暮二次暗長潮水人之風俗婚姻死
喪言語皆與爪哇相同昔洪武年間廣東人陳祖義等全家逃
於此處充為頭目甚是豪横凡有經過客人船隻輙便刼奪財
物至永樂五年朝廷差太監鄭和統領西洋大䑸宝船到此處
有施進卿者亦廣東人也来報陳祖義兇横等情被太監生擒

陳祖義回朝伏誅就賜施進卿冠帶歸舊港爲大頭目以主其地本人死位不傳子是其女施二姐爲王一切賞罰黜陟皆從其制土產寉頂鳥黄連香降真香沉香黄蠟之類金銀香中國皆不出其香如銀匠鈒銀器黑膠相侶中有一塊似白蠟一般在内好者白多黑少低者黑多白少燒其香氣味甚别爲觸人鼻西番并鎖俚人甚愛此香寉頂鳥大如鴨毛黑頸長嘴尖其腦蓋骨厚寸餘外紅裡如黄蠟之嬌甚可愛謂之寉頂堪作腰刀靶鞘擠機之類又出一等火雞大如仙寉圓身簇頸中嘴（比寉）頸更長有軟紅冠似紅帽之狀二片生於頸中嘴尖渾身毛如羊毛稀長青色脚長鐵黑爪甚利害亦能破人腹腸出即死好吃烌

炭遂名火雞用棍打碎莫能死又山産一等神獸名曰神鹿如巨猪高三尺許前半截黑後一段白花毛純短可愛嘴如猪嘴不平如猪蹄脚有三路止食艸木不食葷腥其牛羊猪犬雞鴨并蔬菜瓜果之類與爪哇一般皆有彼處人多好博戲如把龜奕棋鬪雞皆賭錢物市中交易亦使中國銅錢并布帛之類亦將方物貢於中國馬歡瀛涯勝覽

三佛齊即舊港又名浡淋在東南海中本南蠻别種初隸爪哇有地十五州東距爪哇西距蒲剌加南距大山西北濵海畨舶輻輳多廣東漳泉人土沃宜稼穡人好賭博習水戰服藥刀不能傷遇敵敢死鄰國畏之水多土少將領得居陸民率架筏水中

架梁桂語言如依哇市用錢布字用梵書其　單馬令淩牙斯蓬豐登牙儂細蘭諸國洪武初王怛麻沙那阿称臣入貢四年遣男玉的力馬罕亦里麻思奉金字表朝貢賜大統曆文幣六年使來貢八年使從我招諭拂菻十年怛麻沙那阿卒賜王子麻那者巫里三佛齊國王印印駝鈕銀質鍍金是時廣東有陳祖義者脫罪逃居其国久之得為將領暴横掠過客永樂中太監鄭和統海船下西洋至三佛齊有施進者祖義鄉人也訴於和和擒殺祖義承制官進仍留舊港為將領進沒女嗣官産雈頂火雞神鹿金銀水晶珠琉璃珊瑚犀角象牙龍腦諸香猫睛石薔薇水阿魏沒藥血结雈頂鳥大於鴨腦骨厚寸餘外黄内

赤鮮麗可愛火雞大於隺頸足亦似鶴軟紅冠銳嘴毛如青羊色爪甚利傷人腹致死食炭神鹿大如巨豕高可三尺短毛豕喙蹄三路鄭曉吾學編

三佛齊即舊港隸爪哇古干陀利地唐宋皆為國建隆淳熙間入貢不絕洪武四年遣趙述等使其國其王馬哈剌札八剌卜奉表貢方物未幾傳怛麻來沙那阿者凡三貢以洪武十年卒封其子麻那者巫里嗣王賜鍍金銀印其地綰轂諸蕃使節所往來習水戰輕生敢死鄰国憚畏之後稍留使者阻絕商舶上命礼部檄暹羅轉諭爪哇戒戢之旋為爪哇所併廢其國而舊港宣慰司數入貢初粵人陳祖義避罪之三佛齊為將領暴掠

諸番商遣中使鄭和過其地祖義鄉人施進卿者奔訴和和俘祖義獻闕下承制官進爲宣慰司進死子濟孫襲地宜稼穡諺云一季種穀三季生金然土少水多惟首領陸居民率架筏水中搆屋棲其上不輸租賦隨時調發語言如爪哇市用錢布并燒煉五色珠字用梵書産隺頂水晶珠瑠璃珊瑚犀角象牙龍腦諸香猫睛石薔薇水阿魏沒藥血竭又有火雞能食炭神鹿高三尺短尾豕喙蹄三跲此其異者貢則黑熊火雞孔雀五色鸚鵡及諸香兜羅錦被茇布等物（焦竑獻徵録）

三佛齊古干陀利又曰浡淋覊事爪哇者也有地十五州又有旁近單馬令凌牙斯蓬豐登牙儂細蘭諸種屬國主號曰詹卑

其人多蒲姓洪武二年使至其國四年國主馬哈剌札八剌卜遣使隨貢賀即位賜明曆若諸文綺中間一再貢王卒怛麻来沙那阿者嗣亦有貢九年卒麻那者巫里表當嗣来乞封貢犀牛黑熊火雞紅綠鸚鵡白猴龜筒及諸雜物又貢小番奴一人帝嘉其恭厚賜之遣使者齎詔冊封賜駝紐銀印黃金塗而使者爲爪哇所殺然久之三佛齊亦詒我他使覊留爲三佛齊扼諸蕃咽喉商舶不入其國者輙出舟與戰以故其地爲商舶湊而我使者欲往海外番者行不絶自覊留我使臣恐誅道不通番商絶永樂中竟爲爪哇所兼國已廢其國都曰舊港有南海人梁道明者棄鄉里徃居之閩廣民從爲商者以數千推道明爲

酋長施進卿副之永樂三年指揮孫鉉使諸蕃遇道明子及二奴挾與歸以聞成祖遣行人譚勝受招之道明隨使者入以其衆屬進卿成祖喜賜襲衣及文綺繒帛甚盛而廣人陳祖義者故有罪亡入其國久之亦有衆與進卿爭長上使中官鄭和下蕃和至進卿以告使招之祖義詐降而潛謀邀刼為和所覺勒兵與戰殺其黨五千餘人擒之俘京師斬於市是年進卿遣其壻丘誠入貢詔設舊港宣慰使司命進卿為宣慰使二十一年進卿卒子濟孫奏襲許之復命鄭和齎賜往自是朝貢比諸番其地累甓為城人民散處城外部領居岓餘皆屋木筏多熱少寒土沃倍地壤彼夷傳云一年種穀三年生金言穀熟多也自

國破以後不逮往時矣（何喬遠名山藏）

三佛齊國在東南海中即舊港又名浡淋本南蠻別種有地十五州東距爪哇西距滿剌加南距大山西北濱海自爪哇南向順風八晝夜至或云與占城隣居真臘闍婆間汎海二千日至廣州俗饒而嚣水多地少部領得陸居餘架筏水中為梁柱蓋屋水長則筏浮便遷徙土沃倍它壤語称一年種穀三年生金言富米穀多貿金也蕃舶輻輳率漳泉東粤人以錢布市用梵書貯王指環為印亦有中國文字累甓為城周數十里覆屋以椰葉不輸租賦有征伐則調發習水戰敢死海上並畏之其國人多蒲姓唐天佑元年來貢授其使蒲訶粟立寧遠將軍宋建

隆後數朝貢大中祥符元年許貢使赴泰山陪位於朝覲壇天禧中奉金文表貢真珠象牙梵夾經崑崙奴元豐五年貢使入見以金蓮花貯真珠龍腦撒殿紹興中張運為度支郎中嘗請將戶部所儲三佛齊國貢乳香九萬餘斤直可二百二十餘萬緡分鬻江浙荊湖漕司充餉洪武初遣行人趙述使其國其王怛麻沙那阿稱臣四年奉金字表貢方物賜大統曆文綺六年來貢正旦八年遣使往招諭拂菻國九年怛麻沙那阿卒王子麻那者巫里請封十年詔賜三佛齊国王印駝紐鍍金其國初隸爪哇後為所并國廢於舊港置小酋市易南海商梁道明聚居積歲遂糾衆為之長永樂二年命行人譚勝招還而陳祖義以

廣東人亡命為將領橫掠行旅五年中使鄭和充舶下西洋祖義鄉人施進卿遡和和擒殺之承制官進卿留長舊港是年遣壻丘彥誠入貢詔設舊港宣慰使司以進卿為宣慰使二十一年子濟孫襲脩貢同諸番産神鹿猫睛石膃肭臍薔薇水龍腦諸香神鹿如巨豕高三尺膃肭臍魚類豕首兩足其臍紅紫色上有紫斑置睡犬旁驚跳若狂貢物有火雞五色鸚鵡黑熊白獺龜筒苾布兜羅錦被道廣東或云三佛齊王號詹卑今王所部称詹卑國而故都為爪哇所破更名舊港以別於新村詹卑市價償金以椒喜買夷婦它國多載女子易椒以歸（茅瑞徵象胥録）

舊港古三佛齊國也初名干陀利又名渤淋在東南海中本南

蠻別種居真臘爪哇王號詹卑故今王所部稱詹卑國而故都為爪哇所破更名舊港以別於彼之新村云（俗名吉寧邦）其地故稱沃土諺云一年種穀三年生金言其米穀盛而多貿金也冬無霜雪累甓為城居散城外香油塗身覆屋多用椰葉市用錢布方梵書以國王指環為印（宋史曰亦有中国文字上章表時即用焉）俗嚚好嬉水戰甚慣（文獻通考曰習水陸戰臨陣敢死伯於他国）其國多水而少陸部領乃聚屿築屋以居僮僕環之其餘民庶悉架室木筏上以木樁拴閘水長則筏浮起不能沒也或將別居則起樁去之連屋移徙不勞財力（島夷志謂好潔淨故於水上架屋與此不同）其樂有小琴小鼓崑崙奴踏曲之類劉宋孝武世始貢中國（南史干陀利傳曰王釋羅那鄰陀遣長史竺留陀獻金銀宝器）梁天

監元年其王夢中國有聖人如是者再因圖夢中所見遣使獻
玉盤其容質果與梁帝合歲時望北頂礼南史曰王瞿曇脩跋
陀羅以四月八日夢
一僧謂曰中国今有聖主十年之後佛法大興若遣使貢奉礼
敬則土地豐樂商旅百倍若不信我則境土不得自安初未之
信既又夢此僧曰汝若不信我當與汝往觀乃于梦中至中国
拜覲天子既覺心異之陀羅本工畫乃寫梦中所見武帝容質飾
以丹青仍遣使并畫工奉表献玉盤等物使人
既至模寫帝形还国比本畫則符同焉
十七年及普通
元年凡再至後亦遂絕唐天祐初復授其使都蕃長蒲訶粟寧
遠將軍宋時貢使絡繹按宋史建隆元年王悉利胡大霞里檀
遣使李遮帝朝貢二年夏又遣使蒲蔑
貢方物是冬其王室利烏耶遣使茶野伽朝貢其後歲各一至
太平興国五年王夏池遣使茶龍眉來是年潮州言三佛齊国
蕃商李甫誨乘船載香藥犀角象牙至海口會風勢不便飄
船六十日至潮州其香藥悉送廣州八年王遐至遣使蒲押拖
羅來貢雍熙二年船主金花茶以方物來献端拱元年遣使蒲
押陀黎貢方物淳化三年廣州上言蒲押陀黎前年京廻聞本

国為闍婆所侵住南海一年今春乘舶占城偶風信不利復还乞降諭本国從之嘗建佛寺以祝聖
壽願賜名及鐘詔以承天萬壽為寺額鑄鐘給之時咸平六年
也其後貢献不絶每優賜遣歸元豐時使者入見以金銀花貯
真珠龍腦撒殿用昭殊敬宋史大中祥符元年王思离麻囉皮遣使来貢許赴泰山陪位于朝覲壇天
禧元年王霞遲蘇勿吒蒲迷遣使貢真珠象牙梵夾经崐崘奴
詔許謁會霊观游太清寺金明池及还賜詔慰奬之天聖六年
王室离疊華遣使来貢舊制遠国使人賜以間金塗銀帯時特
以渾金帯賜之熙寧十年使大首領地華伽囉来以為保順慕
化大將軍元豊中使至者再天子念其道里遂遠優賜遣歸二
年賜錢六萬四千緡銀一萬五百兩官其使羣陀畢羅為寧遠將
軍陀旁亞里為保順郎將畢羅乞買金帯白金器物及僧紫衣
師牒皆如所請給之三年廣州南蕃綱首以其国王之女唐字
書寄龍腦及布與提擧市舶孫迥迥不敢受言于朝詔輸之官
市帛以報五年遣使皮襪来官皮襪為懷遠將軍六年又以其
使薩打華滿為將軍紹聖中再入貢紹興二十六年貢使復至帝曰遠人向化嘉

其誠耳非利方物也淳熙五年詔免赴闕館於泉州洪武二年
詔行人趙述往使其國王恒麻沙那阿遣使述奉金葉表來貢
賜曆及文幣六年復貢八年遣使從使者招諭拂菻九年王殂
王子麻那者巫里表請紹封詔授駝紐鍍金銀印封三佛齊國
王久之丞相胡惟庸事發事連三佛齊懼而貢絶三十年上念
遠夷希至謂礼臣曰惟庸謀叛三佛齊乃生間諜紿我使臣至
爲爪哇聞知礼送還朝今度已悔禍朕欲許其自新暹羅在遠
國中最稱恭順而爪哇則三佛齊所悉索斂賦以從中者也可
移檄暹羅達於爪哇俾戒諭三佛齊嘉與更始礼臣如旨以行
永樂初年三佛齊竟爲爪哇所破廢爲舊港是時南海豪民梁

道明竄泊茲土，衆推為酋，閩廣移徙者數千人。廷議遣行人譚勝受往招之，道明隨勝受来歸。廣東志云：譚勝受，南海人，鄉薦授臨桂丞，以最名拜監察御史，坐事降行人。時閩廣流徙從梁道明者數千人，指揮孫鉉使海南，遇其子及二奴，挾與俱来。上以勝受同鄉，令偕其二奴齎勅往招，道明遂從入朝，賜道明襲衣、鈔百五十錠、文綺十二表裏、絹七十二疋。勝受奏事稱旨，擢浙江按察使。留副酋施進卿代領其衆。五年，中貴鄭和奉使西洋，還過舊港，遇流賊陳祖義詐降，潛謀要劫。和料賊無歸意，整兵以待，賊猝至，與大破之，斬獲無算，械祖義至京伏誅。諸夷聞之震懾，曰：真天威也，吾曹安意内向矣。是年，施進卿遣婿朝貢，詔命進卿為舊港宣慰使，賜印誥、冠服及文綺。後進卿卒，二十一年，以子濟孫嗣。印燬于火，詔給之。

形勝名蹟

彭家山在港外

承天萬壽

寺宋時賜額今廢

物産

珠宋史曰以珠献宰臣秦檜檜已死詔償直收之

金銀宋時入貢

珊瑚宋時充貢

犀角宋時入貢

瑠璃宋時入貢魏仲培鼠璞曰此自然之物彩澤光潤踰于衆玉其色不常今皆銷治石汁以衆藥成之非其物也

摩婆石庚辛玉冊云陽石也出三佛齊海南有山五色擊取燒之作硫黄氣以形如黄龍齒而堅重者佳姚西溪叢話曰舶過山下愛其石以手捫之故名摩婆

水晶宋時入貢

沉香見宋史

安息香一統志曰樹脂其形色類核桃穰不宜于燒然能發衆香故人取以和香

龍腦香宋時充貢使者來朝至以撒殿

乳香一統志曰樹類榕以斧斫之脂溢于外凝結而成其品十有三有滴乳瓶乳袋香黒榻纏末之別宋時入貢

降香

金銀香華夷考曰其香如銀匠攪糖相似中有白蠟一般白塊在內好者白多低者白少然之香美出舊港國

木香一統志曰樹類絲瓜冬取根晒乾

薔薇水一統志曰即薔薇花上露花與中國薔薇不同土人多取其花浸水為露故多僞者以瑠璃瓶試之飜搖數四其泡周上下者為真

蘇合油一統志曰濃而無澤者為上

猛火油華夷考曰樹津也一名泥油大類樟腦第能腐人肌肉燃置水中光焰愈熾蛮夷以制火罷其焊甚烈帆檣樓

檣連延不止魚黨遇者無不焦爍膃肭臍圖經曰舊說似猻而大長尾今滄州所圖乃魚類而豕首兩足其臍紅紫色上有紫班點欲驗其真取置睡犬旁犬忽驚跳若狂吉貝椒国中最多他港取給焉阿魏蘆薈沒藥血碣一統志曰樹畧同没藥株亦如之烏樠木一統志曰單馬令国出樹似棕櫚可為罷用褊桃北户録曰占卑国出褊核桃形如半月狀取食絶美香没石子一統志曰樹如棒開花結寔如中国芋栗萬歲棗見一統志火雞瀛涯勝覽已載交易舟至献果幣有成數詹卑人商量物價雖議價金多少然非價金實價椒也如值金二兩則價椒百石其大較云喜買夷婦他國多載女子易其椒以歸舊港則用鉛錢矣三佛齊夙稱蕃盛國破以後漸覺故都滿目蕭條賈人亦希造續文獻通考曰萬曆丁丑中国人見大盜林朝曦在三佛齊列肆為番舶長如中国市舶官○張燮東西洋考

國居海中即舊港本南蛮别種有地十五州洪武初其國王怛麻沙那阿者称臣入貢四年遣使奉金字表朝貢六年遣賀正旦貢方物八年復遣使從招諭拂菻國其子麻那者巫里嗣立奉表請封遣人賫駝紐鍍金銀印賜之　貢物　火雞五色鸚鵡龜筒黑熊孔雀白獺諸香米腦苾布兜羅錦被肉荳蔻番油子胡椒大明會典

諸蕃類考 西域

哈烈

哈烈一名黑魯在撒馬兒罕西南去陝西肅州嘉峪關萬一千一百里其地四面多山可有河西流城近東北山下方十餘里國主居城東北隅壘石爲屋平方若高臺不用棟梁陶瓦中敞虚室數十間窗牖門扉雕刻花文繪以金碧地鋪氊罽無君臣上下男女相聚皆席地趺坐國主衣窄袖衣及貫頭衫戴小罩剌帽以白布纏頭辮髮後髭服制與國人同但尊稱之曰鎖魯檀蓋華言君主也上下相呼皆稱名相見惟稍屈身初相識行大禮則屈一足三跪男女皆然飲食不設匕筋釀酒多用葡萄

飲則坐于地大宴會則設小几桌尊者飲下人皆跪酒行則陳
幣帛次進珎寶又次進金銀錢布之坐上餘者撒坐間左右執
事者競拾之諠譁大笑名曰喜錢市中交易用銀錢大小三等
下人私造無禁造成輸稅於國主用印記無印者禁不用市易
諸物皆有征稅十取其二以資國用不置斗斛惟用權衡不設
官府惟設管事者稱之曰刀完國主與管事者凡有事施行用
紙直書其事各以花押為記花押之制以金銀為戒指上鐫其
名國無法律不施刑罰傷人命亦止於罰錢婚姻以姊妹為妻妾
同居男女相混男子髡首纏以白布婦女亦白布蒙首畧露雙
眸喪則易以青黑居喪止百日瘞不用木棺以布囊裹屍葬之

常於墳墓設祭家不祀祖宗亦不祀鬼神惟重拜天之禮凡拜天若聚會則擇日行之無月朔甲子擇日每七日為一轉周而復始聚拜之所築大土屋每皆班列其中一人大呼則皆拜每歲二月十月為把齋月晝不飲食至暮乃食周月始食葷則衆衆射葫蘆其制植長竿高數丈竿末懸葫蘆中藏白鴿一隻躍馬射之以破葫蘆鴿飛者為得彩國人有通回回教經典者衆稱曰滿剌為國主所尊敬城中置大土室中設一銅器周圍數丈上刻文字如古篆狀遊學子弟皆聚此若中國太學然有善步走者日可行二三百里蓋自幼習步有急令持箭走報其俗侈靡用度無禮節其土沃饒氣候多暖少雨土產有白鹽銅鐵

琉璃金銀珊瑚琥珀珠翠之屬多育蠶善為紈綺木有桑榆椰槐松檜白楊果有桃杏梨李葡萄石榴穀有麻豆菽麥粟獸有獅豹良馬牛羊雞犬獅子生於阿木河蘆林中云初生時目蔽七日始開土人恒於目蔽時取之調習其性稍長大則不可馴取云成祖實錄

哈烈一名黑魯撒馬兒罕西南去嘉峪關萬三千里元駙馬帖木兒之子沙哈魯居其地國人稱為速魯檀猶華言君王也東有俺都淮八剌黑諸城皆隸焉洪武二十五年遣使詔諭酋長賜金綺永樂七年頭目麽賚等朝貢十二年遣行在吏部員外郎陳誠使其國正統二年指揮哈只等貢馬玉石城方十里居

平川川廣百里四面大山王並東北山壘石爲屋屋若高臺無棟梁墻壁牕牖皆金碧琉璃門扉雕刻嵌骨角屋傍設綵繡帳房爲燕寢所金床重茵衣冠大類亦力把力民土房或氈帳以兩少故上下相與直呼名雖王亦然相見稍屈躬道撒力馬力一語握手或相抱爲禮致意於人則云撒籃少欸釁飯食就肆無匕箸交易用銀錢錢三等無正朔時日月亦無斗斛用權衡爲量稅十二國用資爲男髡首衣尚白乃喪易青黑無棺槨不祀鬼神祭先於墓所人多善走日行可三百里氣候常煖市中流水四時不斷多水磨風磨甆器尤精巧産巴旦杏鎖伏花毯金銀銅珊瑚琥珀水晶珠翠名馬獅子黑白文獸白鹽堅明如

水晶琢磨爲器以水潤之和肉食多桑宜蚕爲紈綺細密過中國農不甚勞然多穫田美而每歲更休地力得完也餽贈賜予宴會極豐厚男女瀆亂無耻大抵西域城郭諸國哈烈最鄙陋然有學舍聚生徒講習諸經義省刑罰薄賦斂寡爭訟好施予務農桑諸國又不及也在王城中極弘偉鄭曉吾學編

哈烈一名黑魯去嘉峪關萬三千里撒馬兒罕西南元駙馬帖木兒之子沙哈魯居焉國人稱速魯檀華言君王也東有俺都淮八剌黑諸城並隸其國王石城方十里居平川川廣百里四面大山王並山東北壘石爲屋屋若高臺無棟梁並金碧雕嵌牕垣棨如菊列帳重茵錯以綺繡上下相接直呼名王亦然謂

見徵屈躬道撒力馬力一語握手或相抱爲禮人善走日行可三百里候常燠少雨市中流水不斷無正朔時日月亦無斗斛用權衡爲量貿易以銀錢三等稅十二國用仰給少炊爨飲食無匕箸不祀鬼神祭先於墓所男髮衣尚白喪易青黑亦無棺槨產巴旦杏鎖服花毯金銀銅珊瑚琥珀珠翠馬獅黑白文獸白鹽堅潤如水晶琢磨爲器沃以水和肉食田美多穫農不甚勞每歲更休以完地力宜桑與蠶爲紈綺細密踰中國甆器尤精巧贈予宴會豐厚大抵西域城郭諸國哈烈㝡瀆亂無恥然有學舍聚生徒講習經義省刑薄斂寡訟好施兼務農桑則諸國不逮云洪武二十五年遣使詔諭酋長賜金綺永樂七年夷目

麼賚等朝貢十五年吏部員外郎陳誠使其國正統二年指揮哈只等貢馬茅瑞徵象胥錄

撒馬兒罕

撒馬兒罕在哈烈東北去陝西肅州衛嘉峪關九千七百餘里去哈烈二千八百餘里地寬平土壤膏腴有大谿遶城東北瀕城廣十餘里開六門其北有子城國主居之城中居室稠密西南諸番百貨多聚此交易用銀錢本國自造其俗禁酒屠牛羊者瘞其血城東北隅有土屋爲拜天之所規制甚精柱皆青石雕鏤花紋中設講經之所以泥金書經裹以羊皮人物秀美工巧過於哈烈而風俗土產與哈烈同成祖實錄

撒馬兒罕古罽賓國洪武二十年國王帖木兒遣使朝貢二十二年復進馬二十四年進海青正統中再貢馬及玉石成化弘治中再貢獅子嘉靖二年後定五年一貢大明會典

撒馬兒罕漢罽賓也在哈烈東北三千里東去嘉峪關九千九百里東西相距千里地平山川鐵門峽阿术河最大風景偉麗土田膏腴宜五穀頗類中原獨勝諸國城依平原濠深險北有子城王居高廣在城北隅王白帽城中達巷縱横肆市稠密西南番賈多聚於此市易用銀錢禁酒俗尚回回教有拜天屋青石雕鏤極精巧以羊皮果經文字泥金書人物秀美多藝能尤善作室國東有養夷沙鹿海牙塞藍達失干西有渴石迭里

迷諸城皆隸焉洪武二十年國主帖木兒遣回回滿剌哈非思貢駝馬詔厚賜之二十二年貢馬二十四年貢海青賜勅賚子之二十七年帖木兒遣使迭力必失表貢馬二百匹表曰恭唯大明大皇帝受天明命統一四海仁德弘布恩養庶類萬國欣仰咸知上天欲平治天下特命皇帝出膺運數為億兆之主光明廣大昭然天鏡無有遠近咸照臨之臣帖木兒僻在萬里之外恭聞聖德寬大超越萬古自古所無之福皇帝皆有之所未服之國皆服之遠方絶域昏暗之地皆清明之老者無不安樂少者無不長遂善者無不蒙恩惡者無不知懼今又施恩遠國凡商賈之入中國者使觀覽都邑城池富貴雄壯如出昏暗之中

忽覩白日何幸如之又承敕書恩撫勞問使站相通道路無壅遠國之人咸得其濟欽仰聖心如照世之杯使臣心中豁然光明臣國中部落聞茲德音惟知歡舞感戴臣無以報恩德唯仰天祝頌聖壽福祿如天地遠大永永無極照世杯者其國舊傳有杯光明洞徹照之可知世事故云二十八年遣兵科給事中傅安郭驥等使西域留撒馬兒罕永樂五年頭目哈里今虎歹達送安等還且貢方物厚賜之改安等礼科賜衣安等言帖木兒木元駙馬卒孫哈里嗣上遣人祭帖木兒賜哈里璽書銀幣已而兀魯伯貢馬復遣安報使或曰兀魯伯即哈里洪武元年安始還國請勅命吏部言安歷年雖久未經考覈例不得授景

陵曰安使遠夷番二十餘年良苦何例爲與勑正統十二年又貢馬玉石四年又貢成化十九年阿黑麻王貢二獅子夷使請大臣出迎禮部尚書周洪謨以爲不可遣中官迎之獅日食生羊二醋酣蜜酪各二瓶官養獅人光禄日給酒飯二十三年廣東布政司陳選言撒馬兒罕使臣怕六灣貢獅子欲於廣東浮海從滿剌加更市獅子入貢不可貴異物開海道利賈胡貽笑安南諸夷弘治三年由南海貢獅子礼官倪岳言南海非西域貢道請却之自後貢皆從嘉峪關入嘉靖中其國稱王者五十三人皆遣人朝貢産金銀玉銅鐵珊瑚琥珀琉璃罽瑟思檀水晶鹽花蘂布名馬獨峯駝大尾羊猻猊鄭曉吾學編

國家仁覆宇内凡蠻夷之國上古所未賓服者莫不奔走效職貢惟恐後洪武中西域撒馬兒罕遣使獻名馬駱駝禮意甚恭而西北諸蕃往往傾嚮中國欲盡事大之誠弗可得太祖皇帝方大施恩信以懷遠人乃遣礼科給事中傅安往使其國以通道路安遂由甘肅酒泉郡出玉關八百里往流沙西北二千餘里至哈迷哩復西涉瀚海歷千三百餘里至古高昌即唐之西州今名人州之地其人自幼至老且死不識霜雪復西行至亦剌八里自此水皆西流又西三千里始至撒馬兒罕其主與其羣下意頗驕倨安與論議詞氣侃侃且爲具陳我朝富强振古莫比而彼國亦欲誇其土地之廣遣人道小安西至討落思安

至乞思不罕文南至亦剌思還至黒魯諸城計萬千餘里凡六年始返其國然以安始終弗為屈遂不遣歸迨永樂四年其主死始得還於是十餘年矣蒙恩給禄免朝不煩以事其後屢出使西域馬哈麻諸國以宣布威信由是皆先後入貢獅子名馬珍寶之物既而以安母夫人年高俾之奉養因不復遣於時卿士大夫皆以安屢使絶域數萬里外往來三二十年得以周覽山川疆域之形勝於是皆為之賦西遊勝覽之詩安萃為一卷屬余為序昔張騫為漢使以通西域為匈奴所羈留凡十有三年不失漢節歷大宛康居諸國而還以功封博望侯其聲華功烈至今照映青史今安以一介之使通道諸蕃仗天子威靈使

羌夷部落莫不嚮風慕義貢献方物其視騫之功業夫豈相遠哉此卿士大夫所以詠歌而樂道之也安宇志道世為中州名家云曾棨西遊勝覽詩卷序

撒馬兒罕古罽賓國在懸度山西史稱地平温和有苜蓿梓竹漆蒲萄諸果下濕生稻其民雕文刻鏤治宮室織罽刺文繡市以金銀為錢出封牛沐猴孔雀珠璣珊瑚琥珀亦西域都會也其先匈奴破大月氏大月氏西君大夏而塞王南君罽賓自漢武帝始通中國更立其王成帝時遣使來獻漢欲往報杜欽說大將軍王鳳以罽賓更不屬漢之國四五又歷頭痛之山身熱之阪繩索相引乃抵縣度涉危路以事無用非久長計卒罷遣

如欽言隋爲漕國大業中貢方物其王姓昭武戴金牛頭冠俗
秉象治浮屠法唐貞觀中罽賓獻名馬王居修鮮城顯慶三年
以其地爲修鮮都督府拜其王都督開元七年遣使獻天文及
秘方奇藥元駙馬帖木兒主其國東有養夷沙鹿海牙賽蘭達
失干西有渴石迭里迷諸城並隸焉洪武二十年國主帖木兒
遣貢駝馬厚賜之二十二年復貢馬二十四年貢海青賜勑加
賚二十七年遣使迭力必失表貢馬二百匹初撒馬兒罕人商
於漠北自捕魚兒海見執上疑奸細留中國久得其情遣歸國
其主因貢謝及之二十八年遣兵科給事中傅安郭驥等使西
域留撒馬兒罕永樂五年還夷目哈里遣使隨貢方物安等言

帖木兒卒孫哈里應嗣上賜哈里璽書銀幣且諭祭帖木兒賜
安等衣領之兀魯伯貢馬復遣安報使或曰兀魯伯即哈里是
歲北平按察使陳德文亦自撒馬兒罕歸德文洪武末使西域
遍歷諸境采山川風俗作詩歌一帙進呈上嘉之賜馬擢僉都
御史洪熙元年傅安始還國請勑命吏部言安歷年雖久未經
考覈例不得授上曰安留遠夷二十餘年艮苦何例為命特與
之正統二年貢馬玉石四年貢良馬色玄蹄額皆白詔圖像賜
名瑞鷄十三年又貢方物命宴其使陝西布政司成化十七年
進二獅至嘉峪関吏使奏遣大臣往迎職方郎陸容言獅子無
用之物在郊廟不可為犧牲在乘輿不可備驂服宜却勿受礼

部尚書周洪謨亦言往迎非體上卒遣中使迎之獅日食生羊二醋酣蜜酪各二瓶豢獅人光祿日給酒飯二十二年夷使泊六灣還國迂途至廣東將往滿剌加市狻猊入貢市舶中使韋眷佐之所在震駭布政使陳選抗言此西域賈胡恣為奸利願無隨其謀開海道貽諸番笑部覆得寢而番禺縣民黄肆等賄結韋眷交通撒馬兒罕等國夷商滋擾知縣高瑤搜沒番貨鉅萬選具奏竟為眷誣逮獄道死南昌聞者惜焉洪治二年撒馬兒罕遣使貢獅所過驛騷禮科給事中韓鼎言猙獰之獸狎玩非宜且供費不貲宜罷遣三年又由南海貢獅及鸚鵡禮部尚書倪岳言南海非西域貢道請却之自後貢皆從嘉峪關入嘉

靖改元撒馬兒罕等夷各進貢陝西行都司伴送至甘州驗放入關各夷留西安真定貿易踰年始赴京礼部尚書汪俊疏稱各夷在途遷延今後給賞即促起程仍行陝直河南各夷還日延住駐逓一日以上住支廩給上從其議二年始定五年一貢會土魯番冦掠羈留撒馬兒罕天方國各夷于平凉七年總督尚書王瓊疏放出關并令傳諭土魯番歸哈密城印十一年額即亂哈辛求貢行總制都御史唐龍查譯來使火者皮列稱哈辛王在撒馬兒罕北山額即亂地面住牧禮部尚書夏言疏請暫許給賞爾後令附撒馬兒罕進貢無得別稱王爵從之是歲西域貢使二百九十人稱王者至七十五人夏言　國稱一人

王大學士張孚敬言西域先年入貢稱王亦有三四十人者咨勅並稱王今槩裁恐夷情觖望下礼兵二部議言復奏西域諸國稱王者惟土魯番天方撒馬兒罕三國如日落諸國名甚多朝貢絶少且與土魯番諸國不相統土魯番弘正間十三入貢天方正德間四入貢稱王者率一人或二人三人餘稱頭目覲屬嘉靖二年八年稱王者天方至六七人土魯番至十一二人此兩年間撒馬兒罕至二十七人內閣言先年亦有稱王至三四十人者併數三國耳乃今土魯番十五王天方二十七王撒馬兒罕五十三王併數則百五六十王前此所未有況所稱王號原非舊文即有同者地面又異弘治時回勅書國稱一王若

循撒馬兒罕往歲故事類答王號人與一勑恐非所以尊中國嚴外夷也自後各執賜勑任意往來驛傳勞煩宴賜頻數竭財力以役遠夷計亦左矣上可言奏十六年甘肅都御史趙載言西域土魯番各國稱王者百五十餘皆非本朝封爵宜改正貢使限以名數至通使舊以色目人為之宜易以漢人無交通生夷心部覆報可萬曆中並來貢其國亘東西相距千里在哈烈東北三千里東去嘉峪關九千九百里山川鐵門峽阿术河㝡大王白帽婦人以白繒纏首尚回回教有拜天屋青石雕鏤最精巧經文裹以羊皮書以泥金城市稠密西南番賈多聚焉禁酒以手取食貢物有番梳錗納鎖服腦砂賽蘭珠梧桐鹻銀鼠

皮珊瑚樹枝阿思馬亦花珠道哈密南史述鬱金香獨出罽賓國華色正黄而細大似芙蓉又北户録稱唐初罽賓國獻俱佛頭花爲中國所無今不聞入貢茅瑞徵象胥録

別失八里　亦力把力

別失八里沙漠之地也今馬哈麻王子主之馬哈麻者元之餘裔襲封居此無城郭宮室隨水草畜牧居則設帳鋪罽氈寒暑坐卧於地其王戴小罩剌帽簪鵝鴿衣禿袖衫削髮貫耳婦女以白布裹纏頂衣窄袖衣飲食惟肉酪食米麵不釀酒惟飲乳汁間種穄麥及織毛布爲衣地有松檜榆柳細葉梧桐六畜羊馬最廣多雪霜風氣極寒深山大谷六月亦飛雪人性獷戾

君臣上下無體統詢其國人云故疆東連哈密西至撒馬兒罕後爲鐵木兒駙馬侵奪今西至脫忽麻北與瓦剌相接東南抵於闐阿端于闐有河、中產玉又有哈玉之地亦產寶石金銀云成祖實錄

亦力把力在沙漠間或曰焉耆或曰龜茲元時名別失八里馬哈木封於此洪武二十四年國王黑的兒火者遣人貢馬永樂四年王沙迷查干遣人貢玉璞十二年陳吏部使其國十六年頭目速哥克剌滿剌來朝言歪思弒其從兄王納黑失只罕自立爲王徙其國西去更號亦力把力正統二年王也先不花遣人貢玉璞駝馬景泰三年遣人朝貢天順以來入貢不絶其國

無城郭宮室逐水草住牧設帳房氈罽寒暑坐卧於地其王戴小罩刺繡鵝翎衣禿袖衫削髮貫耳飲食肉酪或食穄麥為毛布多雪霜平曠之地夏秋略暖深山大谷六月飛雪俗獷戾服用污穢上下無紀律其山白山葱嶺為大有熱海然氣候常寒産銅鐵鉛雌黃胡粉馬駝犛牛孔雀氍毹阿魏白氎布鄭曉吾學編

亦力把力故名烈失里在沙洲西去肅州西北三千七百餘里或曰焉耆或曰古龜茲國元時名別失八里也元裔馬哈麻王子居之其所隸有火州東荒城古高昌國漢西域長史戊己較尉所居洪武二十一年藍將軍窮征殘元獻元俘撒馬兒諸夷在俘中上遣使送歸別失八里國王黑的兒火者因使者入貢

上嘉之二十四年遣主事寬徹監察御史韓敬大理評事唐鉦報王書徹至乃被留獨遣敬鉦二人還上遣書還諭之永樂四年王沙迷查干遣使貢玉璞等物十一年陳誠使其國其國王納里失只罕為從弟歪思所弑而自立徙國西去更號亦力把里歪思又與其子撒禿治兵相攻宣宗素知歪思之毋恭順朝廷勑示以教畜子孫之道其後朝貢不絶也何喬遠名山藏

亦力把力或曰焉耆或曰龜茲在沙漠間東距古沙州西抵撒馬兒罕南接于闐北連瓦剌東南至嘉峪關三千七百里元時封馬哈木于此名別失八里世祖立宣慰司以萬户綦公直爲宣慰使後置元帥府領屯田洪武二十四年國王黑的兒火者

遣使貢馬命主事寬徹等報諭以書永樂四年王沙迷查干貢玉璞且言哈密忠順王安克帖木兒為北虜鬼力赤毒死願率兵討之上喜特賜綵幣十二年陳誠使其國十六年夷目速哥克剌滿剌滿來朝言歪思弒其從兄納黑失只罕自立為王徙其國東去更號亦力把力正統二年其王也先不花遣人貢玉璞駝馬景泰天順後入貢不絕其國逐水草住牧以氈廬為帳寒暑坐臥於地無城郭宮室近葱嶺有熱海然氣候常寒深山大谷六月飛雪平原夏秋稍暖王戴小罩剌簪鵰鶚衣禿袖衫削髮貫耳甘肉酪戎食黍麥俗獷而織言語類畏兀兒產銅鐵鉛雄黄胡粉氍毹阿魏白氎布又哈失哈力宣德間遣十四人來

朝貢或曰即阿力馬力（茅瑞徵象胥錄）

俺都淮

俺都淮在哈烈東北去撒馬兒罕千三百六十里城居大村周十餘里人民繁庶風土物產同哈烈今為哈烈屬國（成祖實錄）

俺都淮隸哈烈西南去哈烈千三百里東北去撒馬兒罕亦如之城在大村中村廣百里城居十一平曠無險峻地沃人繁庶稱樂土（鄭曉吾學編）

俺都淮西南去哈烈千三百里東北去撒馬兒罕如之城在大村中村廣百里城居十一曠衍無險峻土沃人稠稱樂土永樂中嘗遣使朝貢（茅瑞徵象胥錄）

八答黑商

八答黑商一名八里在俺都淮東北城周十餘里居平川地廣無險要其南近山食物豐饒西南諸番人亦聚此市貨今哈烈沙哈魯遣其子守（成祖實錄）

八答黑商永樂間遣四十人來朝貢方物織皮絨罽香木其國山川明秀人俗樸實奉佛有浮屠數區壯麗如王宮西洋西域皆商販於此大抵皆羽毛織文玉石香木駝羊也布帛銀錢皆可交易（鄭曉吾學編）

八剌黑一名八黑在俺都淮東北城居平川周十餘里南近山無險地廣物豐饒西南諸番賈聚焉又八答黑商其國奉佛浮

圖壯麗如王宮永樂間朝貢方物織皮絨罽香木疑卽八剌黑茅瑞徵象胥錄

迭里迷

在撒馬兒罕西去哈烈二千餘里城在阿木河東岸城內外居民數百家孳畜蕃息河多魚河西多蘆林獅子所產處也成祖實錄

迭里迷在撒馬兒罕西南去哈烈二千餘里新舊二城相去十餘里王居新城東距阿木河河廣非舟不可渡城內外居民僅數百家孳畜蕃息多魚河東地隸撒馬兒罕河西有蘆林多獅子鄭曉吾學編

迭里迷去哈烈二千餘里在撒馬兒罕西南新舊二城相去十

餘里王居新城東距阿术河河廣非舟不可渡多魚城内外居民僅数百家孳畜蕃息河東地隷撒馬兒罕河西有蘆林多獅子（苐瑞徵象胥録）

沙鹿海牙

沙鹿海牙在撒馬兒罕東五百餘里城在小岡上廣数里西北臨河河名火站水勢衝急架浮梁以渡亦有小舟南近山居人依崖谷多園林西行過一大川二百餘里無水間有水鹹地生臭草高尺餘枝葉如蓋煮其液成膏即阿魏又有小草高一二尺枝叢生刺棘葉細如藍秋深露凝結枝上如珠食之味甘如餳採煑為糖名達郎古賓（成祖實録）

沙鹿海牙在撒馬兒罕東五百里城據小岡西北臨山河河名水站勢衝急有浮梁其地南近山三面皆平川人繁庶依崖谷而居園林廣茂西有大沙洲可二百餘里無水即有水人不可飲牛馬飲輒死有臭草根株獨立高尺許枝葉如蓋春生秋死臭氣逼人取生汁熬膏爲阿魏亦有細草可熬膏味如蜜鄭曉吾學編○象胥同

賽藍

賽藍在達失干之東去撒馬兒罕千三十里城周二三里四面平曠居人稠密樹木深蔚五穀蕃殖秋夏間草中生黑蜘蛛甚小噬人遍體皆痛治之法以薄荷枝掃痛處又以羊肝擦之誦

經一晝夜痛方息而遍体皮膚皆蜕六畜被傷者多死凡止宿必擇近水之地可以避之成祖實錄

賽藍在達失干東西去撒馬兒罕千里城周三里四面平原草木長茂流水環繞五穀蕃殖秋夏間草生黑蜘蛛甚小毒甚嚙人遍身痛號呼聲動地土人禳詛者口誦呪以薄荷枝拂中毒處又以鮮羊肝遍擦其體經一晝夜痛方息愈後皮膚如蜕脱斗羊被傷輒死行人宿必近水避之鄭曉吾學編

賽蘭一作賽藍去撒馬兒罕千里在達失干東城周三里有浮圖爲祈拜之所四面平原流水環繞草木豊茂五穀蕃殖夏秋間草生黑蜘蛛甚小毒甚嚙人遍體作痛號呼動地土人誦呪禳

解以薄荷枝拂毒處又以鮮羊肝遍搽經一晝夜痛息膚如蜕牛馬被傷輒死行人宿必近水避馬元史序薛塔剌海從征賽蘭諸國並以礟立功考會典西夷貢物有賽蘭珠石茅瑞徵象胥錄

渴石

渴石在撒馬兒罕西南約二百六十里城居大村周十餘里環城多水田南北近山西行十數里俱小莧思檀果樹又西行三百餘里有太山屹立中有石峽高數十丈如斧截兩峽口有門名鐵門關路通東西成祖實錄

渴石在撒馬罕西南二百六十里城據大村周十餘里四面水田東南近山中有園林故酋帖木兒駙馬居也規模極宏壯堂

四隅白石柱如玉墻壁牕牖畫飾金碧綴琉璃西行十餘里皆委曲山多奇樹又西去三百里大山屹立中有石峽兩壁懸崖究如斧劈行二三里出峽口有門夷人曰此鐵門關也鄭曉吾學編

渴石在撒馬兒罕西南二百六十里城據大村周十餘里四向水田東南近山中有園林頗宏麗故酋帖木兒駙馬居也墻壁牕櫺飾以金碧琉璃堂四隅白石柱如玉西行十餘里多奇樹又西三百里大山屹立中有石峽兩壁懸崖如斧劈行二三里出硤口有門石色如鐵夷人指云此鐵門關也元太祖至東印度鐵門關有一角獸形如鹿而馬尾其色綠作人言以問耶律楚材對曰此瑞獸名角端能言四方語好生惡殺帝爲班師蓋

其地近東印度矣茅瑞徵象胥錄

養夷

養夷在賽藍之東三百六十里城居亂山間東北有大溪西流入太川行百里多荒城蓋其地界乎别失八里蒙古部落之間成祖實錄

養夷在賽藍撒馬兒罕亦力把力蒙古諸部落間數相侵擾以故人無寧居惟戍卒數百人處孤城中城四面皆亂山東北有大溪西流長數百里溪旁頹垣破廬蕭然草莽○鄭曉吾學編象胥錄同

火州

火州在柳城西七十里城北近山其地熱多山青紅若火故名

火州城方十餘里僧寺多而居民少東有荒城蓋古高昌國治也漢西域長史戊己校尉亦居此今隸別失八里成祖實錄火州漢車師前後王地也自元帝置戊己二較尉屯田車師前王庭和帝時班超定西域復置較尉領兵五百人居車師前部高昌壁以地勢高敞得名後魏初闞伯周自稱高昌王併於麴嘉唐貞觀中平其國置西州及都督府而西突厥據車師後王地尋以來降置庭州領蒲類等縣其後西州陷吐蕃有回鶻雜居亦稱西州回鶻宋時屢遣使貢獻太宗遣供奉官王延德等使高昌經望鄉嶺歷伊州乃至地極熱產五穀惟無蕎麥出貂鼠白氎繡文花蕊布赤白鹽蒲桃酒樂多琵琶箜篌俗好騎射

婦人戴油帽謂之蘓幕遮用開元七年曆以三月九日爲寒食
溦水交潑爲戲佛寺皆唐賜額其國師子王避暑北庭山中出
碉砂嘗有煙氣涌起至夕光焰若炬火照見禽鼠皆赤疑所繇
稱火州者也元號畏兀兒隸馬哈木八國朝號火州城方十餘
里東七十里距柳陳城西百里爲土魯番永樂七年嘗遣使朝
貢十二年吏部員外郎陳誠使至言其國風土蕭條民居僧堂
叅半皆零落東有荒城故址即古高昌國治漢西域長史戊巳
校尉所居處宣德五年火州王哈散偕土魯番萬户賽因帖木
兒柳東城萬户尾赤剌並貢馬及玉璞爾後朝貢止稱土魯番
云其域東距哈密西連亦力把力南接于闐北抵瓦剌東南至

肅州一月程　茅瑞徵 象胥錄

火州在嘉峪關外行可一月至本漢車師前後王地前王治交河城即唐交河縣去長安八千里後王治務塗谷即唐蒲類縣去長安九千里漢元帝時置戊己校尉屯田於前王庭以其地埶高敞名高昌壘後魏初有闞伯周者自稱高昌王唐太宗平高昌置西州及都督府後陷於吐蕃其地有回鶻雜居故又名回鶻宋時屢遣使貢元號畏兀兒隸馬哈木八國朝號火州其東七十里有柳陳西百里有土魯番火州城近北地卑下山色如火天氣多熱城方十餘里永樂七年土酋遣人朝貢十二年吏部員外郎陳誠至其國誠言其国風物蕭條市里民居僧堂

過年亦皆零落東有荒城故址云古高昌國治漢西域長史戊已校尉並居焉宣德五年火州王哈散土魯番萬户賽因帖木兒柳陳城萬户瓦赤剌俱遣人貢馬及玉璞至今入貢不絶俗類匈奴烏孫事天神信佛法貴食馬好騎射時節潑水爲戲其山川靈山蒲類海交河爲大産馬駝鹽白氎布鑌鐵陰牙角阿魏　鄭曉吾學編

柳城

柳城古柳中縣在火州東去哈密千餘里經一大川至其國地皆沙磧無水草道傍多骸骨土人相傳有鬼魅行旅或早暮失侶多迷死出大川度流沙河有山青紅如火焰山下城屹然廣

二三里即魯陳城四面多田園流水環繞樹木陰翳土宜穄麥豆麻桃杏小棗瓜胡蘆之屬而葡萄最多小而甘無核者名鎖子葡萄畜有牛羊馬駝氣候和暖人皆淳朴男子椎髻婦人蒙皂布垂髻有額俱衣胡服男子削髮戴小罩刺帽號回回粧女人白布裹頭號畏兀兒粧方音皆畏兀兒之語風俗大畧與火州同成祖實錄

魯陳一名柳城古柳中縣地去哈密千里中經大川砂磧無水草馬牛過此輒死大風倏起人馬相失道傍多骸骨有鬼魅行人失旅白日迷亡夷人謂之旱海出川西行至流沙河河上有小岡云風捲浮沙所積道北火焰山山色如火城方二三里四

面多田園流水環繞樹林陰翳土宜穄麥麻豆有小蒲萄甘甜無核名鎖子蒲萄氣候和煖風俗醇朴人二種回〻男子剃髮戴小罩剌婦女白布裹頭畏兀兒男子椎髻婦人蒙皂布垂髻於額大抵皆胡服鄭曉吾學編

柳陳一名魯陳亦曰柳城漢名柳中延光二年以班勇為西域長史將弛刑士五百人西屯柳中遂破車師即其地也唐平高昌置柳中縣屬西州交河郡去哈密千里中經大川砂磧無水草馬牛過此輒死大風倏起人馬相失道傍堆骸骨白日鬼魅迷行人夷中謂之旱海出川西行至流沙河上有小岡云風捲浮沙所積道北火焰山色如火城方二三里四面多田園流水環

統灌水參蔚候煖俗醇宜穄麥麻荳有小蒲萄甘甜無核名鎖子蒲萄人二種回回男子削髮戴小罩剌婦女白衣裹頭畏兀兒男子椎髻婦人蒙皂布垂髻於額大抵皆胡服茅瑞徵象胥錄

土魯番

土魯番在火州之西百里即古交河縣之安樂城城方一二里地平氣候多煖少雨雪土宜麻麥有桃李杏棗葡萄畜多羊馬城中有屋舍居人信佛法多建僧寺故老云其國在漢為車師唐為伊西節度之地城西二十里有小城名崖兒城中有斷崖其下二水交流倚崖為城故名城廣近二里居民百餘家相傳故交河縣治所又云古車師國王居此今其地併入土魯番矣

成祖實錄

土魯番一名土爾番在火州西百里古交河縣安樂城也城方一二里地平四面皆山氣候多暖少雨雪土宜麻麥有瓜果羊馬之利人皆屋居信佛法多僧寺城西二十里有崖兒城城僅二里居民百餘家相傳故交河縣治又云古車師國永樂十二年行在驗封員外郎陳誠使至其國誠言城西北百里有靈山最大夷人言此十萬羅漢涅槃處也近山有高臺臺旁有僧寺寺下皆石泉林木從此入山行二十里至一峽峽南有小土屋屋南登山坡坡有石屋屋中小佛像五前有池池東有山山石青黑遠望紛如毛髮夷人言此十萬羅漢洗頭削髮處也循峽

東南行六七里登高崖崖下小山纍纍峯巒秀麗羅列成行峯下白石成堆似玉輕脆不可握堆中有若人骨狀者甚堅如石文縷明析顏色光潤夷人言此十萬羅漢靈骨也又東下石崖崖上石笋如人手足稍南至山坡坡石瑩潔如玉夷人言此辟支佛涅槃處也周行群山約二十餘里悉五色砂石光焰灼人四面峻壑窮崖天巧奇絶草木不生鳥獸鮮少云甘肅大抵無北虜患專鎮防西夷夷種中土魯番最奸狡宣德五年始遣使來貢正統以後亦嘗來貢成化弘治間酋阿力阿黑麻父子攘我西鄙虜我哈密忠順王罕慎陝巴拜牙即是時專伺哈密至正德遂數犯我甘肅語在哈密傳中嘉靖十一年西域貢稱

王者七十五人貢使至二百九十人禮官夏言請國稱一人王內閣張孚敬言西域稱王者多恐彼自封授或部落相稱先年入貢稱王亦有三四十人者答勑並稱王今盡裁奪恐夷情觖望下礼兵部議言言西域諸國稱王者唯土魯番天方撒馬兒罕三國如日落諸國名甚多朝貢絶少且與土魯番諸國不相統弘治正德間土魯番十三入貢天方正德間四入貢稱王者率一人或二人三人餘稱頭目親屬嘉靖二年八年稱王者天方至六七人土魯番至十一二人此兩年間撒馬兒罕至二十七人內閣言先年亦有稱王至三四十人者併數三國耳乃今土魯番十五王天方二十七王撒馬兒罕五十三王併數則百

五六十王前此所未有況所稱王號原非舊文即有同者地面又異弘治時回勑書國稱一王若循撒馬兒罕往年故事類答王號人與一勑恐非所以尊中國而嚴外夷也自後各執賜勑率其部落貢不如期使不如數任意往來勢難阻絕驛傳勞煩宴賜頻數竭我財力以役遠夷計亦左矣上從言言當是時土魯番強殘破我嘉峪關外七衛及城郭諸國地大人衆非復陳驗封奉使時矣鄭曉吾學編

土魯番古交河縣之安樂城漢為車師唐為伊西唐時入職方用開元曆有毛詩論語孝經歷代子史其人類高麗貴人食馬以下食羊或鬼為樂多琵琶箜篌好騎射火州東七十里為柳

城古柳縣也永樂七年陳誠至其國遣使朝貢宣德五年火州王哈散土魯番萬户賽因帖木兒柳陳城萬户尾赤剌俱貢馬及王璞其後朝貢者第稱土魯番成化中其酋破哈密虜王母弘治中殺罕慎虜陝巴語在哈密記自後叛服不常正德嘉靖中皆來貢何喬遠名山藏

土魯番一曰土爾番在火州西百里漢車師前王地車師前王居交河城以河水分流繞城因名焉唐置西州交河郡且析以為縣有安樂城方一二里地曠衍四面皆山城西二十里崖兒城可二里居民百餘家相傳故交河縣治也永樂十一年遣使部員外郎陳誠使西域十三年土魯番遣使隨誠入貢授酋長

都督都指揮等官宣德五年都督僉事尹吉兒察及指揮僉事猛哥帖木兒等率其妻來朝請晋京師賜居第什器歷正統天順土魯番朝貢不絶成化初速檀阿力寖强速檀華言王也數引兵掠哈密九年遂入其城虜王母及金印去阿力死子阿黑麻嗣阿黑麻死子滿速兒嗣相繼擾哈密及赤斤諸衛是時虜酋所親信牙木蘭娶哈密人火辛哈即女與寫亦虎仙妻爲女兄弟陰相搆結正統八年至誘忠順王拜牙即走匿而以火者他只丁入哈密居守巡撫都御史趙鑑謬謂酋虜信義可伏犒以金繒明年土魯番遂索萬幣贖城印躪肅州嘉靖初兵部尚書王瓊招撫稍戢語具哈密傳十一年土魯番速壇滿速兒天

方國速壇札剌丁撒馬兒罕速壇阿卜馮亦哈密都督米兒馬
黑木及額即乩哈辛等各遣使入貢共四千人礼部言哈密貢
期同朵顔三衛祖制三衛皆許入京哈密則十人起送二人今
西域諸夷遠在萬里素非屬國而夷使過倍番文二百餘通皆
以索牙木蘭爲辭且求賞不貲似借端窺伺邊臣違例起送非
法至額即乩哈辛乃韃靼回夷向未入貢今亦遣五十餘人疑
並土魯番部落所託請下督撫分別存留以尊國體上可其奏
明年土魯番使虎力奶翁等以甘肅内臣縱僕横恣愬部勅遣
大理寺少卿蔡經同科臣錦衣各一員詣甘肅會督按官查勘
降罰有差久之滿速兒死子沙速檀嗣次子馬黑麻復據哈密

占種沙州二十四年遣使求貢并給地住牧總督都御史張珩以聞兵部議土魯番世濟兇惡今馬黑麻結婚瓦剌潛耕屬衛意在踵轍內訌以謀泄求款恐爲窺伺甘凉之漸宜諭以華夷界限無妄乞無盜種無殘哈密無苛貢夷乃許通使如其執迷請即閉關聲討明年馬黑麻赴關納款而土魯番貢使火者阿力克等凡百七十四人扣嘉峪關巡撫都御史傅鳳翔總兵仇鸞居之甘州先是土魯番撒馬兒罕哈密諸夷每假進貢留京商販延至三四年有旨禁諸夷私出館貿易勒期遣還仍詔土魯番五年一貢貢使除量准赴京半留肅州半留甘州其後諸夷貢不如期且併居稠雜屬楊博代鳳翔疏請上裁命量准百

名存留甘肅聽減半給賞餘諭出關仍奪鳳翔等俸有差嘉靖末沙速檀潛掠北虜中流矢死弟馬速嗣請貢許之隆慶時馬速死馬黑麻嗣其弟瑣非等並遣使來貢礼部言一姓四使非令甲所載姑各附一使於馬黑麻使中示羈縻無拂遠人嚮順意報可始甘肅無北虜患専防西夷土魯番最奸狡自阿力以來皆挾哈密邀利隆慶後不復言哈密事土魯番頗息肩而海虜轉熾甘涼間其俗侯煖鮮雨雪宜麻麥饒瓜果羊馬室居奉佛多僧寺往陳誠使至其國還言城西北百里有靈山最大夷人言此十萬羅漢涅槃處也近山有高臺旁寺攤石泉林木從此入山行二十里至一峽南有小土屋從屋南登山坡得石屋

奉小佛像五前有池〻東山石青黑遠望紛如毛髮夷人言此十萬羅漢洗頭剃髮處也緣峽東南行六七里登高崖〻下小山纍〻峯巒秀削其下白石成堆似玉輕脆不可握堆中有若人骨狀堅如石色澤明潤夷人言此十萬羅漢靈骨也又東下石崖得石笋迸出如手足稍南至山坡石復瑩潔如玉夷人言此辟支佛涅槃處也周行犀山約二十餘里悉五色砂石光焰灼人四面峻壁窮崖天巧奇絕然寡草木亦鮮鳥獸自誠使後土魯番漸張旁齧諸國及關外七衛地廣人庶眎昔懸絶矣弘治中經略嘗罷其貢嘉靖二年後貢期以五年有駝馬玉石鑌鐵金剛鑽梧桐鹻栁青撒哈剌禪衣諸物萬曆中並來貢計土

魯番去哈密凡千里其鄰近為火州柳城黑婁（茅瑞徵象胥錄）

鹽澤

鹽澤在崖兒城西南去土魯番城三十餘里城居平川廣二里居民百家城北有矮山產石鹽堅白可琢為器盛肉菜食之不必和鹽故名鹽澤（成祖實錄）

鹽澤在崖兒城西南去土爾番三十餘里在平川中廣不二里居民百家黑的兒火者稱王居鹽澤既死土酋強者統之產石鹽堅白如石可琢為器以盛肉食不鹽而鹹（鄭曉吾學編）

達失干

達失干在賽藍之西去撒馬兒罕七百餘里城周貳餘里居平

原四外多園林果樹土宜五穀居民稠密負戴則任車牛成祖實録

達失干在賽藍西去撒馬兒罕七百里城據平原甚狹小四面平岡多林木溪流蜿蜒土宜五穀人稠密質朴饒衣食鄭曉吾學編

達失干在賽蘭西去撒馬兒罕七百里城據平原甚狹小四面平岡溪流蜿蜒多林木土宜五穀居民稠密俗朴而饒茅瑞徵象胥録

卜花兒

卜花兒在撒馬兒罕西北七百餘里城周十餘里居平川民富庶户有萬計地卑下氣候温和冬月亦食鮮菜土産五穀桑麻絲棉布牛羊魚天鵞鷄皆有之成祖實録○永樂十三年吏部員外郎陳誠自西域還所歷哈

烈撒馬兒罕別失八里俺都淮八荅黑商迭里迷沙鹿海牙賽藍渴石养夷火州柳陳城土魯番鹽澤哈密達失干卜花兒凡十七國悉詳其山川人物風俗爲使西域記以献史官採之入寳録今圖之

卜花兒在撒馬兒罕西七百里城居平川周十餘里民物富庶市里繁華户口萬計地平衍宜五穀桑麻天氣温和冬不附火蔬菜不絶產絲綿布帛六畜大類中國鄭曉吾學編

卜花兒在撒馬兒罕西七百里城居平川周十餘里市里華庶户口以萬計地曠衍宜五穀桑麻天氣温和冬不附火蔬菜不絶產布帛絲棉六畜大類中國茅瑞徵象胥錄

于闐

于闐大國在葱嶺北二百里東西五千里南北千里漢唐皆入

貢中國石晉時王李聖天自稱唐宗遣人入貢封爲大寶于闐國王宋末南遷朝貢不絶永樂六年頭目打魯哇亦不剌金遣滿剌哈撒木丁等貢玉璞十二年吏部員外郎陳誠至其國國主微弱鄰國交侵人民僅萬計皆避居山谷間境内惟火州魯陳哈失哈力阿力稍有城邑餘皆荒垣敗屋生理極蕭索永樂以後西戎奉職貢不敢輒相攻始得休息行賈諸番遂富饒桑麻禾黍宛如中土人機巧喜浮屠法好歌舞工紡織相見輒跪得問遺書發於首乃發之稍知尊卑礼節狀貌亦似華人其山葱嶺爲大嶺下有白玉河緑玉河黑玉河産玉胡錦双峯駞諸香珠珊瑚翡翠琥珀花蘂布名馬膃肭臍金星石水銀獅子阿

魏鄭曉吾學編

于闐國在葱嶺北二百里即瞿薩旦那國也地最大東西五千里南北千里漢設都護治之今在肅州西南六千三百里永樂七年酋骨打魯哇赤不剌遣人貢玉璞十二年陳誠至其國先是國削弱鄰國交侵永樂以後奉職貢始藉朝廷爲威重行賈諸番遂富饒俗喜浮屠好歌舞尊卑礼節有中土風有河產玉又有地名哈石寶地金銀之所出何喬遠名山藏

于闐國東西五千里南北千里在沙州西南去葱嶺二百里大略葱嶺以南其國撒馬兒罕最大以北于闐最大于闐有河北流與葱嶺河合東注蒲昌海所名鹽澤南出積石爲河源者也

其西水皆西流注西海國人每歲秋取玉於河曰撈玉夜眎月光盛處索美玉必得焉河分為三有白玉綠玉黑玉之別土宜五穀桑麻釀蒲萄酒甚美俗機巧事妖神西五百里有比摩寺云是老子化胡成佛之所自高昌以西國人深目高鼻惟于闐貌不甚類胡亦稍知礼節相見輒跪得問遺書戴于首乃發之自漢武帝以來中國詔書符節傳以相授工紡織喜歌舞善鑄銅器以木為筆玉為印漢建武末莎車王賢攻并于闐徙其王俞林為驪歸王後于闐將休莫霸自立傳兄子廣德遂滅莎車轉强盛順帝永建六年于闐王遣侍子詣闕貢獻梁天監九年始通江左十三年獻波羅婆步障隋大業中頻朝貢其王以王

為氏唐貞觀六年遣使貢獻王姓尉遲阿史那社爾既平龜兹
勸于闐王伏闍信入朝上元初以其地為毗沙都督府安史亂
後不復至石晉天福中其王李聖天自稱唐宗屬遣使來貢紅
塩欝金諸物册為大寶于闐國王宋建隆二年貢圭一以玉為
柙乾德三年僧善名善法來朝賜紫衣四年王言破疏勒國得
舞象一欲以為貢詔許之天聖三年貢玉帶胡錦獨峰槖駝詔
給還其直嘉祐八年以其國王為特進歸忠保順砧鱗黑韓王
從所請也于闐謂金翅鳥為砧鱗黑韓蓋可汗之訛云訖宣和
數朝貢永樂六年其酋打魯哇亦不剌金遣使貢玉璞十二年
吏部員外郎陳誠至其國見偪隣境頗單弱人民僅萬計皆避

居山谷間惟火州魯陳哈失哈力阿力稍有城邑永樂後西戎修貢不敢相攻始獲休息行賈諸番國益饒富始于闐貢使每來必攜一寶璢往反視之鐵璢耳云其來道流沙踰三月程無薪水獨挈水行是璢投以水即沸故寶之或曰其域東拒曲先衛北連亦力把力東北至肅州六千三百里茅瑞徵象胥錄

天方國

其國自忽魯謨斯四十晝夜可至其國乃西海之盡也有言陸路一年可達中國其地多曠漠即古筠冲之地名爲西域風景融和四時皆春也田沃稻饒居民安業男女穿白長衫男子削髮以布纏頭婦女編髮盤頭風俗好善酋長無科擾於民亦無

刑罰自然淳化不作盜賊上下安和古置禮拜寺見月初生其酋長與民皆拜天號呼稱揚以為礼餘無所施其寺分為四方每方九十間其三百六十間皆白玉為柱黄甘玉為地中有黑石一片方丈餘曰漢初時天降也其寺層次高上如塔之狀每至日落聚為夜市蓋日中熱故也地產金珀寶石眞珠獅子駱駝祖刺法豹麂馬有八尺高者名為天馬貨用金銀段疋色絹青白花磁器鐵鼎鐵銚之屬其國王臣深感天朝使至加額頂天以方物獅子麒麟貢於廷費信星槎勝覽

此國即默伽國也自古里國開船投西南申位船行三箇月方到本國馬頭番名秩達有大頭目主守自秩達往西行一日到

王居之城名黙伽國奉回回教門聖人始于此國闡揚教法至今國人悉遵教規行事纖毫不敢違犯其國人物魁偉體貌紫膛色男子纏頭穿長衣足著皮鞋婦人俱戴蓋頭莫能見其面說阿剌畢言語國法禁酒民風和美無貧難之家悉遵教規犯法者少誠為極樂之界婚喪之礼皆依教門體例而行再行大半日之程到天盡禮拜寺其盡番名愷阿白外週垣城其城有四百六十六門門之兩傍皆用白玉石為柱其柱共有四百六十七箇前九十九箇後一百一箇左邉一百三十二箇右邉一百三十五箇其堂以五色石疊砌四方平頂樣內用沉香大木五條為梁以黄金為閣滿堂內墻壁皆是薔薇露龍涎香和土為

之馨香不絶上用皂紵絲爲罩々之蓄二黑獅子守其門每年至十二月十日各番回回人一二年遠路的也到堂内礼拜皆将所罩紵絲割取一塊爲記驗而去剜割既盡其王預織罩之仍復年々不絶堂之左司馬儀聖人之墓其墳壠俱是緑撒不泥寶石爲之長一丈二尺高三尺濶五尺其圍墳之墻以紺黄玉疊砌高五尺餘城内四角造四堆塔叫礼左右兩傍有各祖師傳法之堂亦以石頭疊造整飾極華麗其處氣候常熱如夏並無雨電霜雪夜露甚重草木皆馮露水滋養夜放一空碗盛至天明其露水有三分在碗土産米穀僅少皆種粟麥黑黍瓜菜之類西瓜甜瓜每箇用二人擡一箇者亦有　一種纏花樹

如中國大桑樹高一二丈其花一年二放長生不枯菜有蘿蔔
萬年棗石榴花大梨子桃子有重四五斤者其駝馬驢騾牛羊
猫犬雞鵝鴨鴿亦廣雞鴨有重十觔以上者土產薔薇露俺八
兒香麒麟獅子駝雞羚羊草上飛并各寶石珍珠珊瑚琥珀等
物其王以金鑄錢名倘加行使每箇徑七分重官秤一錢比中
國金有十二成色又往西行一日到一城名驀底納其馬哈麻
聖人陵寢正在城内至今墓頂豪光日夜侵雲而起墓後有一
井泉水清甜名何必縢〻下番之人取其水藏於船邊海尚遇
颶風即以此水洒之風浪頓息宣德五年欽蒙聖朝差太監内
官鄭和等往各番國開讀賞賜分䑸到古里國時内官大監洪

見本國差人往彼就選差通事等七人齎帶射香磁器等物附本國船隻到彼往回一年買到各色奇貨異寶麒麟獅子駝雞等物并畫天堂圖真本回京其默伽國王亦差使臣將方物跟同原去通事七人献賚於朝廷（馬歡瀛涯勝覽）

天方古筠冲地又名西域宣德中遣使朝貢正德十二年入貢嘉靖中定五年一貢　貢物　駝馬玉石瑪瑙鑌鐵銼花銅鍾賽蘭石磁砂金剛鑽鍮班兒香眼鏡鎖服羚羊角鐵角皮（大明會典）

天方古筠冲地舊名天堂又名西域宣德中其王遣沙瓛來朝貢俗用回回曆風景融和四時皆如春田沃稻饒居民樂業男女辮髮馬乳拌飯產馬金琥珀玉石珊瑚犀角貢從嘉峪關入

鄭曉吾學編

天方國在西海之盡古筠冲默伽國民無貧苦繁富和淳無雨雪霜雹濃露夜霪遂滋生物產珍美色色而是疑古所謂極樂國者國有礼拜寺寺分四方方九十間層次如塔皆白玉爲柱黄甘玉爲地中有黑石方丈餘曰漢初天降也月初生其酋長率衆拜天以號呼讚揚爲礼日中以熱市用日夕宣德七年國王臣深以獅子麒麟貢正德中貢嘉靖中定五年一貢

何喬遠名名藏

天方古筠冲地舊名天堂一稱西域自忽魯謨斯四十晝夜至其國乃西海盡處或云從陸路抵中國凡匝歲永樂七年因中使鄭和往使以獅子麒麟來貢宣德中遣其臣沙瓛貢方物正

德十二年再至嘉靖四年礼部言天方等番國入貢陝西都司稽留半年以上方為具奏發冊所進玉石多庇惡而夷所私貨皆良請行巡按御史查覈自今無得多帶玉石以擾驛路其方物印封異驗不堪治都司官罪明年火者馬黒木等入貢礼部主客郎陳九川驗玉稍苛夷有後言鴻臚通事胡士紳修郤許稱九川索受玉璞上令逮訊會大學士費宏製玉帶邏騎執舍中兒去宏疏辯係尚書鄧璋酬答與天方前失玉璞輕重不倫温旨慰之而九川竟謫戍十七年天方貢使請遊覽中國礼部奏非例疑有狡心詔絶之初定五年一貢有駝馬鐵角皮麄班兒香諸物萬曆中復至俗辮髮穿白長衫用回回曆較中國前

後差三日風景融和四時皆如春田沃稻饒以馬乳拌飯日落聚爲夜市建寺層次高上如塔月初生拜天號呼稱揚以爲礼有馬高八尺名天馬按杜環經行記大食國士女偉壯閑麗衣裳解潔一日五時礼天堂可容數萬人市闤輻湊萬貨豐賤大約與天方國相類成都楊慎謂天方即大食名號改移海外諸國皆然殆近之矣茅瑞徵象胥錄

默德那

默德那即回回祖國地接天方宣德中遣使隨天方國使臣朝貢大明會典

默德那即回回祖國初國王謨罕驀德生而聖靈臣服西域諸

國諸國尊為別諳援爾華言天使也國中有佛經三十藏凡三千六百餘卷書兼篆草楷西洋諸國皆用之隋開皇中國人撒哈八撒阿的斡葛思始傳其教入中國其地接天方有城池宮室田園市肆大類江淮閒寒暑應候民物繁庶種五穀亦有陰陽星曆醫藥音樂諸技藝人俗重殺非同類殺不食不食豕肉織文雕鏤器皿最精巧宣德中國王遣人隨天方朝貢鄭曉吾學編

默德那與天方接壤回〻祖國也城池宮室田園市肆大類江淮閒寒暑應候民物繁庶有陰陽星曆醫藥音樂諸技藝人俗重殺非同類殺不食不食豕肉織金雕鏤器皿最精初國王謨罕驀德生而聖靈臣服西域諸國諸國尊為別諳援爾猶華言

天使也國中有佛經三十藏書兼篆草西洋諸國並傳用之隋開皇中其教始入中國教以事天為本宣德中國王遣使隨天方使〻來朝貢而今中華回回種所在有之何喬遠名山藏

默德那即回回祖國地接天方有城池宮室田園市肆五穀繁滋大類江淮間初國王謨罕驀德生而神靈西域諸國並臣伏焉尊為別諳援爾華言天使也其教以事天為本而無像日每西向拜天有佛經三十藏凡三千六百餘卷書兼篆草楷西洋諸國皆用之隋開皇中始傳入中國尤精畫曆亦解醫藥音樂織文〻雕縷器具精巧洪武元年改太史院為司天監又置回回司天監二年詔徵元回〻曆官鄭阿黑等十一人赴京議曆法

占天象給廩賜服有差宣德中國王遣使隨天方國朝貢正德中回々人于永進秘方得幸拜錦衣衛都指揮同知而御馬監西海子設養虎回夷三名嘉靖登極以給事中鄭一鵬疏屏之并歸甘州所簡進回々女你兒干等奸吏于永竟庚死籍其家今國人多附舶香山濠鏡澳貿易其人善鑒識每於賈胡海市中康得奇琛故稱識寶回回々而種類散處南北為色目人甚夥並窅目胡鼻用白布纏首寄居哈密者尤勁悍俗以密為酒以牛為菜好歌舞夫婦配合必取水淋沐親死用布囊屍入棺鼓樂導至墓去棺底掩以土妻子至以水潑之祈速朽焉孝盖近墨氏之流非同類殺不食禁食豕肉相傳其始驢豕交媾而

生不敢破戒奉其教者行賫居送千里不持糧云茅瑞徵象胥錄

敏真城

敏真城國亦大多高山水流深縛木為渡日中為市諸賈皆集見中國磁漆器爭欲得之產異香駝馬永樂中國王遣四十來朝貢鄭曉吾學編

敏真城國亦大多高山深水縛木為渡以日中市諸賈畢集見中國磁漆器爭欲得之產駝馬異香永樂中國王遣四十人來朝貢茅瑞徵象胥錄

討來思

討來思在海中周徑不百里城近山山下有水赤色望之如火

然俗尚佛婦人主家事市中多駝羊馬牛亦有布縷毛褐交易用錢土宜麥稌無稻穀宣德六年嘗遣人朝貢（鄭曉吾學編）

討來思地方不百里山下有水赤色望之如火土宜麥稌無稻穀以雜色布為衣宣德六年遣使朝貢（焦竑獻徵錄）

討來思在海中周徑不百里城近山山下有水赤色望之如火俗尚佛主家事以婦人市多駝羊馬牛亦有布縷毛褐交易用錢土宜麥稌無稻穀宣德六年朝貢（茅瑞徵象胥錄）

沙哈魯

沙哈魯在阿速西南海島中古投和國唐貞觀中一入貢其後絕永樂間遣使七十二人來朝貢國有學校及將軍功曹參軍

州郡縣諸官號畜産甚豐海多奇物西域賈胡輙輕直售之其國人不能辨（焦竑獻徵録）

沙哈魯永樂間遣七十七人來朝貢國在阿速西南海島中人民淳直恥鬭好佛交易海中諸國西域賈胡來市海中奇物不惜高價亦有價廉而得奇貨去者沙哈魯人不識也王及酋長居城中有瓦屋庶人旅處城外田野中村落相聚山川環抱畜産豐利（鄭曉吾學編）

沙哈魯在阿速西南海島中山川環抱居民旅處村落畜産蕃息王及酋長城居瓦屋佞佛恥鬭俗號淳直西域賈胡來市海中得奇貨不惜酬數倍沙哈魯人不識也永樂間遣使朝貢凡

七拾七人或曰即古投和國唐貞觀中嘗入貢（茅瑞徵《象胥錄》）

阿速

阿速在西海中爲大國多撒馬兒罕天方諸國人有城倚山面川〻南流入海〻有魚鹽之市野有耕牧之利敬佛畏鬼好布施惡爭鬬物產饒俗涼暄適節人無飢寒夜無寇盜永樂中遣百十二人來朝貢（鄭曉《吾學編》）

阿速西海中稍大國也有魚鹽耕牧之利其人敬佛好施無寇盜寒暑適節永樂中遣使百二十人朝貢（焦竑《獻徵錄》）

阿速在西海中爲大國城倚山面川川南流入海涼暄適節有魚鹽耕收之利俗尊鬼好施惡爭鬬亦饒物產鮮饑寒寇盜聚

落多撒馬兒罕天方諸國人永樂中嘗遣使百十二人來朝貢茅瑞徵象胥録

火刺札

火刺札國微人弱物産凉薄四圍皆山山鮮草木水流曲折亦無魚鰕城僅里許皆土屋板屋王居亦陋俗尚佛重僧喜中國磁器針線永樂十四年嘗遣人朝貢鄭曉吾學編

火刺札國頗微弱四圍皆山鮮草木水流曲折亦無魚鰕城僅里許多板屋俗尚佛喜中國磁器針線永樂十四年嘗朝貢茅瑞徵象胥録

失刺思

失剌思永樂間遣人來朝貢時遣内外官以綺幣磁器市馬於迤西撒馬兒罕失剌思諸國獻陵即位詔諸使至十日内就所在還京無得托故稽留宣德中遣使八人來朝貢鄭曉吾學編

失剌思永樂間遣使朝貢時遣官以綺幣磁器市馬於迤西撒馬兒罕失剌思諸國宣德中貢使凡八人茅瑞徵象胥錄

吃力麻兒

吃力麻兒永樂中遣使十一人來朝貢方物唯獸皮鳥羽罽褐之類其俗不事耕農喜射獵山卑水淺西南傍海東北林莽深密多猛獸毒蟲得中國雄黃麝香磁器甚喜有達巷無市肆交易無期用錢鐵鄭曉吾學編

吃力麻兒山界水淺西南傍海東北林莽多毒蟲猛獸得中國雄黄麝香磁器甚喜不事耕農好射獵有達巷無市肆交易無期用銅錢永樂中嘗使十一人來朝貢方物惟獸皮鳥羽罽褐之屬或曰卽俺力麻國茅瑞徵象胥録

納失者罕

納失者罕東去失剌思數日程皆舟行海中其國山林川澤有林木魚虫城東平原饒水草可牧馬馬馬有數種最小者高不過三尺俗敬事僧僧僧所至必飲食之顧尚氣健鬬鬬鬬不勝者衆共嗤之永樂中遣使十人來朝貢鄭曉吾學編

納失者罕東去失剌思數日程皆舟行海中其國有山林川澤

魚蟲城東平原饒水草可牧馬々有數種㝡小者高不過三尺俗重僧所至飲食之顧尚氣健鬥以不勝為耻鄙永樂中遣使十人朝貢茅瑞徵象胥録

亦思把罕

亦思把罕於西南海中爲大國廣袤近七里四面皆海西北多山東南皆平沙國有城堅壯王居亦侈麗物産豐厚風俗朴厚尚佛畏刑喜施惡奪亦有中國人寓寄者時々出賈撒馬兒罕市多馬駝少布帛有珠珀而無稻黍稌麥粒麤壯甘美永樂中遣使四十四人來朝貢鄭曉吾學編

亦思把罕廣袤近千里於西南海中為大國四面皆海西北多

山東南皆平沙王居宏麗城亦堅壯産饒俗朴食唯麥穄麥粒麤而甘美少布帛稻黍多馬駝珠珀亦有中國人流寓時買撒馬兒罕以取給永樂中遣使四十四人來朝貢一云亦思弗罕茅瑞徵象胥錄

白松虎兒

白松虎兒舊名速麻里兒國中無大山山卑小者亦鮮林木無猛獸毒虫之害先時嘗有白虎出松林中遇獸不食遇人不傷旬月後竟不見國人稱爲神虎父老又曰此西方白虎降精以是更其國爲白松虎兒永樂中遣使十六人來貢鄭曉吾學編

白松虎兒舊名速麻里兒國中無大山亦鮮林木無猛獸毒虫

之害先是嘗有白虎出松林中不傷人畜旬月後不復見國人以爲神虎父老曰此西方白虎降精因更其國號白松虎兒永樂使十六人來貢茅瑞徵象胥錄

答兒密

答兒密永樂間遣使十八人來朝貢方物賜大統曆文綺樂茶國在海中不百里人不滿千家有墻壘而無城郭屋以板覆田以牛耕王居官舍不甚差別產馬駝羊牛毛褐布縷交易兼用銀錢刑專用箠朴服屬撒馬兒罕鄭曉吾學編

答兒密國在海中不百里人不滿千家板屋有墻壘無城郭產馬駝羊牛布褐交易兼銀錢亦用牛耕刑以箠朴服屬撒馬兒

罕永樂中遣使十八人來朝貢方物賜大統曆文綺藥茶（茅瑞徵象胥錄）

黑婁

黑婁在嘉峪關西近土魯番世結好黑婁黑婁夷入貢從土魯番入其地山水草木禽獸皆黑男女亦然宣德七年使人來朝貢（鄭曉吾學編）

黑婁在嘉峪關西近土魯番世締好黑婁夷貢從土魯番入其地男女山水禽獸並黑宣德七年始遣使朝貢（茅瑞徵象胥錄）

魯迷

魯迷嘉靖三年自甘肅入貢後定五年一貢每貢起送十餘人

貢物　獅子西牛玉石金剛鑽珊瑚珠花瓷珠花瓷湯壺銼

鎖服撒哈剌花帳子羚羊角捨列孫皮西狗皮鐵角皮大明會典
魯迷嘉靖三年始通貢所貢獅子西牛西狗西馬阿骨剌馬駝珊瑚珠玉從甘肅入世宗以其新入貢下礼兵二部議納否給事中鄭一鵬礼部尚書席書請勿納上憫其遠納之五年復以獅子西牛貢并送調御五人自言跋涉七年費二萬三千餘金矣御史張禄言聖德廣被遠人來貢第華夷殊方人物異性留人養物不唯違物亦且拂人今奇獸西來兼之馴調京師遠邇咤異喧傳不知此物之在西土亦猶中國之有虎豹也其調御馴習亦猶虎豹之豢於中國也臣聞養獅子日用二羊月計六十羊矣歲計七百有餘羊矣臣聞養西牛以菓餅不啻豆食人

食矣獸相食〻人食聖賢所惡也又通事人役煩費多端以光禄有限之財充人獸無益之養殊為不經抑其攜帯方物覬賞規利不過希望之私寧復歸嚮之誠伏惟迓其人却其物薄其賜以明中國聖人不貴異物如此也上復憫其遠納之後定五年一貢何喬遠名山蔵

魯迷不詳所始或云地屬哈烈嘉靖三年其王遣使自甘肅入貢獅子二西牛一都御史陳九疇以聞給事中鄭一鵬言所獻皆非土性乞就彼犒遣以先聖德杜窺伺不報明年礼部尚書席書奏魯迷不載王會真贋莫辨頃土魯番數侵甘肅而甘州撫夷官于魯迷數內查有夾帯土魯夷衆其詐甚明請善遣出

塞仍治所獲姦諜詔鎮巡體覈五年復貢命畜獅牛內府仍留熟夷五人飼之貢使頗索加賞云往買瓦剌貲且二萬金詔定五年一貢每貢起送十餘人貢物有玉石珊瑚珠金剛鑽花帳子捨列孫皮花瓷湯壺羚羊角瑣服二十三年北虜寇甘州總兵楊信以土官百户馬能言今魯迷諸國貢夷九十餘人前禦虜寫亦阿力等九人死焉都御史唐澤以聞上從兵部議䘏信職逮能于理以寫亦阿力死事給棺斂費送歸本國仍諭國王以優卹意茅瑞徵象胥錄

哈梅里

洪武中嘗遣使入貢

哈失哈兒

永樂六年中官把太李達等使其國令開通道路便使客往來仍賜其王子頭目綵幣十一年六月遣使隨都指揮白阿兒忻台等貢方物成祖實錄○宣德間遣十四人來朝貢或曰即阿力馬力吾學編

葛忒郎

永樂六年七月遣內官把太李達等賚敕往諭葛忒郎等處開通道路凡遣使往來行旅經商一從所便仍賜其王子頭目綵幣成祖實錄

乞兒麻

永樂十三年十一月乞兒麻田、火思老等來朝貢馬賜之鈔

幣

乞兒吉思

永樂中遣楊州衛副千户月魯不花使其國成祖實錄

日落國

永樂中遣使朝貢大明會典

格失迷

宣德七年八月賜格失迷頭目宰奴阿卜丁所遣打剌罕迭力迷失等綵幣表裏仍命賫勑及綵幣等物歸賜宰奴阿卜丁實錄

額即刉

嘉靖中嘗遣使入貢會典

哈辛

嘉靖中遣使入貢大明會典

哈三

哈的蘭

乜克力

把力黑

脫忽麻

斡失

怕刺

克失迷兒

哈烈兒沙的蠻

掃蘭

把丹沙

俺力麻

察力失

卜哈刺

你沙兀兒

帖必力思

果撒思　火壇
火占　苦先
牙昔　牙兒干
戎　白
兀倫　阿端
耶思成　坤城
捨黑　擺音
克癿
哈三以下三十一國及哈烈哈失哈兒賽藍亦力把力
失剌思沙鹿海牙阿速兀三十八國其朝貢皆經哈密

其貢期或三年或五年一次起送不過三十五人

西域疆里

肅州衛志

嘉峪関外有三道中道自関西二十里至大艸灘有墩軍瞭守灘西三十里至黑山兒有墩軍瞭守七十里至回回墓以地有回回三大塚故名有墩軍瞭守墓西四十里至扇馬城中有二水北流城稍壞有墩軍瞭守城西八十里至赤斤城中途有三顆樹即赤斤蒙古衛赤斤西二百里至苦峪城東有河城中有三墩苦峪西一百二十里至王子莊城小而堅莊西八十里至卜隆吉河俗名川邊河西一百五十里至鱗来泉有水艸泉西一百八十里至茨泉有水艸泉西一百五十里至阿南那只令西一百里至紅柝泉有水艸泉西一百二十里至哈剌骨無水

艸哈剌骨八十里至五箇井泉口井西一百二十里至古墩子古墩子西一百里至也帖木兒泉山西八十里至哈密地。一道自苦峪岐而少西經瓜州西阿丹六百二十里抵沙州即罕東左衛有水艸逾鉢和寺七百里至哈密地雖迂而曲且無水艸人罕由之。一道自苦峪岐而少北至羽寂密滅歷阿赤苛地皆山口石路甚為險阨馬尺腳皸艱行三道俱達哈密哈密衛自土魯番數侵擾之後居者約四五百家壯男子三百有餘外羅小堡十俱哈密人住牧其五堡每堡或七八十家或五六十家其五堡空虛無人。按弘治前里至與今少異且多番族今悉載之關西二十里至大艸灘自此分一路由北而西西有大

鉢和寺大艸灘西七十里至回回墓〻西七十里至扇馬城〻
西三十里至三顆樹西五十里至赤斤城即赤斤蒙古衛赤斤
西一百七十里至苦峪即苦峪衛自此抵哈密三道一道從苦
峪中而西四十里至王子莊〻西一百六十里至襖秃六蟒來
西一百三十一里至体乾卜剌西一百三十里至察提兒卜剌
西一百三十里至額失也西一百一十里至羽六溫西一百二
十里至哈剌哈剌灰西一百三十里至名文帍都西一百七十
里至乩失帍都西一百三十里至阿赤西一百五十里至引只
克自此過也力帖木兒至哈密三百五十里又一路從苦峪南
面西八十里西阿丹城西一百一十里至辰州七十里至西阿

冊西六十里至革的兒西五十里至牙卜剌西七十二里至剌陳西三十里至哈卜兒吟西六十里至他失卜剌西一百里至沙州城即沙州衛沙州西北八十里至乱失牙蘭海子西一百八十里至阿洛罕西一百七十里至哈剌哈剌灰西一百七十里至哈失卜剌西一百二十里至牙卜剌西八十里至也力帖木兒西北一百四十里至哈密城又一路從苦峪自北而西至羽寂藏正北一百二十里至蟒來西一百四十里至垣力西一百五十里至哈剌哈剌灰西一百二十里至哈至西一百三十里至拔兒那西一百四十里至羽六温西一百二十里至俄倫唉西九十里至俄例海牙西一百四十里至阿赤西一百七十里

至克力把赤西一百三十里至撒力哈墩亦柢哈密（密西五十里至哈剌木提西四十里至哈密頭）哈密城東
有河、上有橋有水磨北三十里為速卜哈剌灰南三十里為
畏兀兒把力城正西十里為阿思打納城北五十里為卜古兒
西五十里至阿打納城又西為也帖木兒又西五十里為剌木
城又西有巴兒海子双山兒養把兒山西又有双山兒又有鉢
和寺城、、西五十里至哈剌帖乩（其西北為剌木城剌木至哈剌帖亦五十里自哈剌帖乩）而西有察黑兒有川中双泉
城又西百里有中、泉又西百里有双泉兒墩阿思打納西為
把兒思澗又西為脫合城兒又西為北昌又西為魯珍城兒城
南有土剌有蘆萋艸墩有懶真城有半截土墩有巴思澗山魯
珍北為羊黑城兒又西五十里為哈剌火者又西五十里為我

荅剌城西百里爲土魯番回回種田產各色果品樹木西北有妻魯母土魯番西二百里爲俺石城兒城南有俺鼻城兒北有撒剌池又西五十里爲蘸巴失北有兎真城兒又西二百里爲昆迷失其南有白山兒其山東至俺鼻城行六日其北有池有昌都剌城兒昆迷失西二百里爲阿剌水又西百里爲乂力失城乂力失南有他林河乂力失西百里爲哈剌哈失鐵城其南格卜城兒扯力昌河北有苦他巴城兒黑松林河又西百里爲瀼巴泉又西百里爲黑水泉泉北有察力失城丁城兒泉兒河其南爲扯力昌城泉西百里爲双山兒城又西百里爲獨樹城兒城北有兀馬河及撒力瀼巴河西有一晝夜川獨樹西百里

為察力察井、北有火焰山又西二百里為淤泥泉、南為克烈牙城兒其城東至扯力昌城行八程泉西百里為察兀的河其河南北俱與山相接（河西百里為榻子河其河亦南北與山相接）榻子河西十里為古克兀城、北有雅思雅阿城南有滂池又百里為苦先城又西百里為西牙河城、北有双山関有阿思馬力城西北有迤西潤海子西有沙的郎哈西南有花蛇河南有赤剌店西牙河西三百里為阿黑馬力城、西南百里為土力苦扯城其城東至擺城四十里土力苦扯西北百里為阿速城三城相連周環山水阿速西二百里為阿赤地里城北有也列河南有阿丹城西有泉又有西百里為克力賓城、南有二回回墓及黑玉河北有石店子又西百里為乾泉又西百里至大井、南有三簗城大井西二百里爲北長店子其南有乾羊城兒北有石城兒又西二百里爲土臺泉其地土臺上有二泉故名其南有恰木石乾城泉西二百里爲桐河其南爲牙力干城北又有石城又西五十里爲石子泉、西爲把立站南爲店子井北爲養泥城兒其城東至石城行八程泉西二百里爲河西丁城、南有鎖河城兒東南有海子河西丁北二百里爲亦的哈馬城、西南爲哈失哈力城、西五十里爲失哈力城其南有米兒阿都剌城其西有河有民運民運南爲也力灰爲黑沙納思爲哈札民運北爲黑失哈城又西爲尚力又西三百里爲我撒剌其西南爲討壕巴失西北爲賽蘭城

又西五百里為土剌城其城形圓四外屋廬羅之中有王子一
人住回回不纏頭帶白羊毛帽不種田吃魚羊肉馬乳又西七
百里為牙思城有纏頭回回山羚羊角帖角皮牙思西四百里
為也失卜其南有巴速兒有打下你俺的速北有他失卜干城
也失卜西三百里為亦尔乞咱打班其南有大熱水泉黑水泉有
亦可速巴比有黑石城有賽蘭城又西二百里為亦乞咱打班
又西為把力干城々南為哈剌界為阿必打納思乞亦咱撒剌
思咱力沙亦乞咱力又西五百里為俺的干城々北有馬兒黑
納又西七百里為戒失城々南有懶闊有馬吝剌撒有火者阿
力東有即努古力又西三百里至馬都城其城引水七派灌於

於其中南有高山北有沙河黑納馬都西南五十里至砍的把丹其西有里咱力都有罕都有撒力赤剌牙砍的把丹北三百里爲黑馮歪其西北爲帍帖城帍帖西四百里至阿懶荅又西三百里至阿力砍打思其南有兀魯兩尊有阿拜郎力姐民有兩六也有水磨其西北三百里爲阿懶荅阿懶荅西北爲阿速脱又西爲亦卜剌城其四面俱水出沙糖其南有荅黑荅奔有的火者有昆都思有剌巴的未兒咱亦卜剌有哈兒斤有哈沙打有戶倫城有速而哈有盼黑的其北有鐵門關有克力干城有把黑里城有失巴力城有俺的灰城又西爲黑樓城至赤戲旦黑豬黑荅蘭城四百里出獅子西馬哈剌苦术金銀宝石綾绵各

色果品青紅綿花白紙種田其南有巴〻沙葱有赤戲黑豬黑吝蘭城兒有剌巴的剌阿力阿城東北有馬力城又西為阿倫城東〔城〕有失黑山河又西為火者阿都阿剌黑蛮城〻南有失黑山西北有剌叭的城又西為阿力伯有纏頭回回其南有阿都剌伯有黑〔失〕有阿力店子阿力伯西為雜民城〻南有阿思民雜民西五百里為普哈城有回回種田出果品養蚕撒馬罕克在城住其南有剌巴子火馬里麻撒力尾思北有卜剌撒尾剌思有克力干城又西五百里為撒馬兒罕〔城〕有纏頭回回出獅子哈剌苦术大騾子宝石金銀鑌鉄魚牙把刀帕角皮養蚕出瑣〻葡萄各色果木撒黑剌綿花銀鼠青鼠豹皮剪絨单其北有阿

力城有望日樓又西五百里爲失剌思城有纏頭回回種田又西三百里爲高山其南有山北有馬土力西北有撒子城兒撒子城西北爲把黑打帖又西爲把荅山城出青金石其南爲西河城北爲西阿沙把力又西一千五百里爲怯迷城有王子外邊住有四族番漢出金子金鋼鑽其南有牙兒打兒有阿巴的納都又西有新旦城有纏頭回〻種田出各樣果品其南有巴打力出城有回〻種田有阿力伯城有回〻出金子宝物又西四百里爲孛思旦城有回〻種田養蚕出各樣果品其南爲阿力阿伯城中有回〻爲俺的灰城中有纏頭回〻出五谷又爲黑者沙平城兒孛思旦西五百里爲亦思他剌八城有纏頭回

回種田出稻米養蚕其南為盻的干城出鎖鐵獅子哈剌又為巴、沙蔥城又為戶倫城有回、種田出葡萄又為剌巴的咱兒荅及剌叭的迷城兒剌巴的打兒斤亦思他剌八西六百里為失剌思城有纏頭回、出魚牙把刀有院有樂人有各色果品有長流水又西行五日至亦思城有纏頭回、属帖叱列思管出鎖伏各色綾叚手帕花毡子阿魏阿芙蓉其南為阿巴的納都打剌木用城馬失卜城剌巴的扯帖兒濮都兒城剌巴的米納牙其西北俱大川路行十餘日又西八百里為鎖力旦城有纏頭回、種田出黑狐子其南為苦蘭城有回、種田出稻米其北為亦的城鎖力旦西為阿即民城四面環以屋廬亦小王子屬帖乩列思管出鑌鉄黄羊木梳各色果品阿魏又西為帖乩列思城有王子纏頭種田出花毡東至阿力旦城行六日其東南為頻力城兒其東北為紐扎城兒又西行四箇月為苦思旦城有纏頭回回種田出各樣樹木其東南為也不的其西有水磨又西為沙鹿城有纏頭回回出各色果品瑣瑣葡萄哈剌骨馬又西行一月至把黑旦城其城引水七派灌其中有回回二千家出獅子哈剌苦术金線豹三梭花布手帕其南為欠土城北為陝西斤城又西為也的納城有纏頭回回一百不出產物種田又西百里至飯店兒又西行六程至天方國其城二重有出家回回在城住餘皆進城礼拜其南有架子井北有阿思納

城天方國回〻行十五程爲迷乩力城有纏頭回〻種田又西
西至牙瞞城有髮黑回〻出瑪瑙琥珀西洋布各色綿花又西爲
文各魯城俱漢兒人蓬頭戴帽種旱田出珊瑚樹眼鏡石上有
七樣花艸城東有河舟楫以渡又西爲阿都民城有回〻種旱
田出花手巾各色果品又西爲也勒朶思城其城四隅環以屋
廬周圍有水〻有舟楫俱漢兒人蓬頭戴帽種稲田出撒黑刺
鑌鉄刀各色果品又西爲撒黑四塞其城二重俱漢兒人蓬頭
戴帽出烏木銀木白紫垣木各樣藥材又西爲哈利迷城有纏
頭回〻多養羊馬種旱田有水磨出黃葡萄及各色果品又西
爲阿的納城屬魯迷城管有回〻種糜子出綿花又西爲菲耶

城
其城一重有王子俱漢兒人剪綜披髮戴帽種稻田養蠶織金
錦龍撒黑剌剪絨毯出金子黑石珍珠又西為安各魯城有纏
頭回、種旱田出鎖伏各樣三梭𦎗䍡羊毛織罽子出大瑣、
蔔蔔城西距山、上有巡檢司又西為可台城有纏頭回、種
旱田出棉花夏布山下出西天紅花城西有河、有二水磨又
西為孛羅撒城有回、種旱田出各色果品又西有海中有船
載千人粮飯可三月備用盔甲什物又西為魯迷城其城二重
有自立王子有纏頭回、及漢兒人有通事種旱田不出物產
東至孛羅撒一千二百里自茲而西國土雖廣殆非疆里之可
極窮者故難盡錄

諸蕃類考 內地苗蠻

廣東通志

南蠻下要服一等島彝在唐虞猶與之要質故曰要服蠻則頑於彝矣以荒慓不可與語故置諸荒服以遠之夏商之時漸爲邊患暨於周世黨衆彌盛故詩曰蠢爾蠻荆大邦爲讐至楚王時蠻與羅子共敗楚師殺其將屈瑕楚師復振遂屬于楚及吳起相悼王南并蠻越遂有洞庭蒼梧之地按水經沅水出武陵鐔城縣北界沅水谷（水出辰州府黔縣故鐔城也）南至鬱林潭中縣與鄰水合（今謂之移溪）又東至蒼梧爲鬱溪又東至高要縣爲大水（即今西江）蠻越之衆自此踰嶺而居溪峒分猺獞二種猺乃蠻荆獞則舊越人也

猺

猺本盤瓠之種產於湖廣溪峒間即古長沙黔中五溪之蠻是也其後生息蕃衍南接二廣右引巴蜀綿亘數千里椎髻跣足衣斑襴布褐各勻遠近伍刀耕火種食盡一山則移一山俗喜讐殺猜忍輕死又能忍饑行鬬左腰長刀右負大弩手長鎗上下山險若飛戰則一弩一鎗相將而前執鎗者前却不常以衛弩執弩者口啣刀而手射人敵或冒刃逼之鎗無所施釋弩取口中刀奮擊以救度險整其行列道去必有伏弩主軍弓手輩與之角技藝爭地利往往不能決勝也兒始能行燒鐵石烙其跟蹠使頑木不仁故能履棘茨而不傷其積獷幼已成性不嘗

如野獸然喪塟則作樂歌唱謂之暖塟其情乖戾可知矣

獞

獞性質粗悍露頂跣足花衣短裙鳥言夷面自耕而食又謂之山人出湖南溪洞後稍入廣西古田等縣佃種荒田聚種稍多因逼脅田主占據鄉村遂蔓延入廣東其初來尚以聽招名色佃田納租與猺人種類不同時相讐殺有司及管田之家頗賴其力以捍猺人及後勢衆亦與猺人無異肇高康三府與雷州之遂溪縣廣州之新會四會清遠暨連州在在容有之征之則罔功招之則致悔於今誠有可慮者矣

廣州府

清遠縣猺山一百有六自東南至從化縣白水坑界猺山三十
三　自北至連州界猺山三十八　自西北至四會縣界猺山
三十五

從化縣猺山三十五

新會縣猺山一

連州并四會縣界猺山十二

韶州府

曲江縣猺山四

英德縣猺山二　杉木角流猺黄茶山猺盤姓者三十餘家别姓者百餘人永樂間猺首陳朝亮以殺流賊功除猺官世襲

惠州府

龍川縣山猺猺人俱別境來者居深山中聽征調納貢獻有官長為之撫領

潮州府畲猺民有山峯曰猺獞其種有二曰平鬃曰崎鬃其姓有叅曰盤曰藍曰雷依山而居採獵而食不冠不履三姓自為婚有病沒則并焚其室廬而徙居焉俗有類于夷秋籍隷縣治歲納皮張舊志無所考明設土官以治之銜曰峯官所領又有峯〻當作畲賓錄謂之畲蛮

肇慶府

高要縣猺山九

四會縣自北至清遠縣界猺山一十有五　自西北至懷集縣界猺山一十有二　自東至石康縣界猺山三十有一

新興縣自西路連德慶州界猺山二十有八　自西北連德慶州界猺山七　自北至橫茶橋界猺山三　自東至倉歩水界

猺山四　自東南至獨鶴驛界猺山七　自南至陽春縣界猺
山四　自南西至東瓜嶺猺山一
陽春縣自西北方界連瀧水猺山九　自正西方連瀧水賀山
界猺山六十有二　自西南方界連電白縣猺山二十有三
陽江縣猺山一十有二
恩平縣猺山七
德慶州金林鄉猺山三十有七　悦城鄉猺山一十有二　都
城鄉猺山二十有八　晉康鄉猺山七十有五
封川縣猺山二
瀧水縣自東南至高要縣新興縣界猺山十　自南至電白縣

界猺山七　自西南至信宜縣界猺山一千有二自西至廣西梧州府岑溪縣界猺山二十有三　自西北至連城岑溪界猺山六　自西北至本州大灣村界猺山三十有三　自東北至本州新興縣界猺山一十有六　自東至陽春縣界猺山一十有一

開建縣一都猺山八　二都猺山一十有三　三都猺山四　四都猺山十

高州府所屬州縣山猺依棲山箐有聽招有背招有險惡每山有總有甲領其兵目聽招者有相信撫猺領之聽招者調之攻守納糧當差與民為一謂之良猺背招者勢窮則降稍利則攫險惡者賊不可與化

化州聽調猺共五十五山撫猺三名領兵約五百二十四名
茂名縣聽招猺共三十一山撫猺七名領兵五百三十五名
背招猺共十三山撫猺三名亦兼領之約共一百四十一名
信宜縣聽招猺共十五山撫猺二名領兵二百三十名　背招
猺共十二山撫猺二名領兵三百五十二名　險惡猺共五十
八山約兵一千三百八十五名
電白縣聽招猺共二十一山　撫招三名領兵九百四十二名
信宜縣猺山四十有一自北至岑溪縣接鬱林州界
廉州府東北路抵鬱林州猺人二種曰白花猺離本府約四百餘里此處向化猺人團結住山路險峻人烟稀少僅可結步相通曰六隆猺

靈山縣猺山二十六俱在東連石康縣界

德慶州西山羅旁等處地方深菁藂薄向錯雜蟻聚等山巢約四十餘處自都督凌雲翼討平之後陞瀧水縣為羅定州立東安西寧二縣畫於編户

羅定州

東安縣猺峒二十二猺官四名猺總一名今裁猺甲二十三名管猺丁共四百六十四名

西寧縣猺峒二十八狼長二名內寨狼長管狼丁一百二十四名計居九峒外寨狼長管狼丁二百一十九名計居十九峒

峒獠

峒獠者嶺表溪峒之民古稱山越唐宋以來開拓寖廣自邕以東廣以西皆推其雄長者為首領籍其民為壯丁其不可羈縻

者則依山林而居無酋長版籍年甲姓名嘗射生蟲蠕動之物
取食之謂之山獠虞衡志所謂蠻之荒忽無常者也其酋長有
版籍者頗知婚姻每以奴婢各一人爲聘攻剽山獠所得生口
男女相配給田使耕教以武伎世世隸屬謂之家丁以漸役于
馬前牌總謂之洞丁淳化中馮拯知端州奏允盡括諸路隱丁
更制版籍於是嶺西之獠多爲良民而廣州以西時復生亂有
司加意招徠雖暫向化但終亦荒忽無常云

浪

肇慶府廲峒等獠大率與猺賊同徒惟陽春爲浪賊所害蓋依
山險阻出沒不測轉掠靡常居民歲苦侵暴

論曰猺蓋帝嚳時盤瓠之苗裔而獞亦其種類也峒猺則嶺表山民深居谿峒蔓衍殷繁秉我疎虞肆其刦掠緩之則蜂聚逼之則鳥散四民失業有隱憂焉夫西粤聲息越在沙漠南蠻荒怨患在門庭若來則應敵無策去則掣兵無律兵亦終于寇耳向者丘文莊欲傚土官之例以寓建衛之意韓中丞設為秋調之法以嚴要害之防憲副孔鏞始以恩信招來約束其衆以聽征調兼丘韓之法而行之彼享其田園之利而聽我此籍其捍禦之力以安民實百世之利也今猺遣子弟就試斑斕化為青衿議者欲編猺以為民不欲存猺以混民亦化俗之徵權乎撫察甸宣之臣時使薄斂以加惠之佩

犢之民將日見其歸耕矣

黎

昔伊尹正南方獻令有所謂里焉里者蠻之別落也後漢時謂之俚人在廣州之南俗呼山嶺爲黎而里居其間於是訛里爲黎而黎之稱始此黎之極邃五指中不服王化者爲岐岐者乪之訛也質性樸悍善弓矢據險好殺靡儦家趨棧居遂處然而慎許可重契約猶有太古淳龐之遺予錯處郡邑時出以虔劉我人民則熟黎從而釁焉其孽滋甚惟控禦有法斯得之矣

漢武帝元封元年始畧地爲儋耳珠崖郡民皆服布如單被穿中央爲貫頭著時從頭而貫之男子耕農種禾稻紵麻女子桑蠶織績

亡馬與虎民有五畜山多麞麖麞似鹿而大麖似鹿而小兵則弓盾力木弓弩竹矢或骨爲鏃　珠崖嫁娶皆須八月引戶人民集會之時男女自相可適乃爲夫妻父母不能止　黎峒故瓊管之地在大海南距雷州泛海一日而至其地有黎母山舊名俚婁黎人居焉内爲生黎外爲熟黎虞衡志黎海南四郡隖土蠻也隖直雷州出徐聞渡半日至隖之中有黎母山諸蠻環居四傍號黎人其山極高常在雲霧中黎人自鮮識之久晴海氛清廓時或見翠尖浮空下猶洪濛也山水分流四群熟黎所居已阻且深生黎之巢外人不復有蹟黎母之顛則雖生黎亦不能至相傳其上有人壽考逸樂不與相接虎豹險守無路可攀但覺水泉香美絕異爾賚去客地遠不供賦役者名生黎耕作省地供賦役者名熟黎〇方輿志生黎各有峒主罟稹無知不識姓名貝布爲衣兩幅前後爲裙長闔不過一尺掩不至膝兩腿俱露椎髻額前鳥言獸面結茅爲屋如履盆狀上居人下居畜射獵爲常事男文臂腿女文身面用貝錦紡線以色絲細成若綿縫成圈券從頸穿下至腰結住爲裙名曰黎桶足點

不復民地而自讐闘居民入其地伏熟黎以鹽魚貿易惟儋崖萬有之在瓊則少熟黎相傳其本南恩藤梧高化人多王符二姓言語皆近彼處鄉音因侻長子孫爲峒各有主父沒子繼夫亡婦代性習凶橫讐殺無親若制服得宜則不爲變否則聚兵作亂其男子著短彩花幔纏頭圍腰戴藤六角帽或兩耳垂環縣雙帶如刀狀垂裙兩幅婦人帶花簍文領露胸老幼坐無尊卑病則椎牛祀鬼神喪葬則斬牛待客春則鞦韆會鄰峒男女粧飾來遊攜手趏肩互歌相答名曰作劇有來爲婚合者父母率從無禁婚姻不避同姓各以所適分隸瓊儋萬崖四郡皆椎髻跣足弓刀未嘗去手豪富兼并役屬貧弱時出與郡人互市虞衡志常插銀銅錫釵腰繚花布執長靶刀長鞘弓以竹爲絃荷長鎗跬步不捨去熟黎能漢語變服入州縣墟市日晚鳴角結隊以歸婦人繡面服緦緶績木皮爲布陶土爲釜器用瓠瓢人飲石汁又有椒酒以安石榴花著甕中即成酒婦女高髻釵上加銅環耳墜垂肩衣裙皆五色吉貝無袴襦但繫裙數重製四圍合縫以足穿而繫之羣浴于川先去上衣自濯乃濯足漸升其裙至頂以身穿入水浴已則

裙復自項而下身亦出水繡面乃其吉礼女羊將及笄置酒會
親屬女伴自施針筆涅爲極細虫蛾花卉而以淡粟紋偏其餘
地爲謂之繡面女婢獲則舌女工紡織得中國綵帛拆取色絲
和吉貝綿花所謂黎錦黎單及鞍搭之類精粗有差〇海様餘
錄黎俗男女週歲即文其身自云不然則上世祖宗不認具爲
子孫也身穿花厚布衣露腿赤足頭戴漆帽傍贅尺許雉毛二
莖披肩頜閒可耻也男子家冨者而耳復贅盞口大銀圈十數
爲冨侈此所以爲雕題離耳之囯也寰宇記有嚴皮搯花酒

居有欄房定婚拆箭卜葬以卯藏物以殷虞衛志居處架木両重上以自居下以蓄
牧婚姻拆箭爲定聚會亦推鼓歌舞親死不哭不粥食唯食生
牛肉以爲哀痛之至葬則舁襯而行令一人前行以雞子擲地
雞子不破處即爲吉穴〇海様餘録凡深黎村男女衆多必伐
長木両頭搭屋各數閒上覆以草中剖竹下横上直平鋪爲樓
板其下則虚焉登涉必用梯其俗呼曰闌房遇晚村中幼男女
書驅而上聽其自相諧偶若婚姻仍用講求不以此也自娶嶺
以北有一種避黎習俗又與黎大異居常以椰瓢蔽体更閨習
弓矢交易誤過其地則烹食之尤人不忍聞者若尋常黎俗藏
置酒米乾肉衣布之屬不于其家必擇一高坡之地離家百步
内外以草樹畧加繚繞廻護輂置其中名曰殷雖村家叢雜亦

不相混間有盜之者每犯輒獲法曰距痕即足跕也余初不信因彼自服而後然之

善射好鬬性喜報讐

虞衡志客來未相識主人先于隙間窺之客儼然矜莊始遣奴布席於地客即坐又移時主人乃出對坐不交一談少焉置酒先以惡臭穢味嘗客ゝ食不疑則喜繼設酒中遂相親否則遣客不復與交會飲未嘗捨刀　杯後各請弛備雖解器械猶置身傍也一語不相能則起而相戕性喜讐殺謂之捉搠所親爲人所殺後見仇家人及其洞中種類皆擒取以荔枝木械之要牛酒銀瓶乃釋謂之贖命○海槎餘錄黎人善射好鬬積世之讐必報每會親朋各席地而坐歡酣顧渠工弓矢遂奮報讐之志而衆論稱焉其弓矢蓋其祖先有幾次鬬敗之耻則刺箭幾次射於渠上以記之故云飲醉鼓衆復飲相與叫號作狗吠之聲輒二三夜自云本係狗種欲使祖先知而庇之也以次則宰羊觱肉裱散就近村落無不踴躍接受魁日起兵讐家鬬之亦如此法募兵應敵臨陣遇有州縣公差人役樂精觀戰兩家婦女亦各集本營當退食之際婦女爭出營認箭兩不拘忌其俗云男子讐只結于男子而上若及婦女則其父毋家更添讐怨矣其勝敗追奔亦各有程度不少踰之數中羅鋒鏑死者密瘞之父毋妻子諱不悲泣恐敵知其不武也

借貸責償人不敢欺貿易射獵以利

爲喜慶衙志土產沉水諸香漫山悉檳榔椰子木亦產小馬翠羽黃蠟之屬與省地諸商人博易甚有信而不受欺貽商人有信則相與如至親借貸有所不吝歲望其一來而不來則數〻念之或負約不至自一錢以上雖數十年後其同郡人擒之以爲質枷其項閔以橫木俟前負者來償乃釋負者或遠或死無辜被繫家人往負債之家痛詬責償或鄉黨率斂爲償始解凡負錢一緡次年倍償兩緡倍至十年乃止本負一緡十年爲千緡以故人不敢負其一錢客或誤殺其一雞則鳴鼓告衆責償曰其客殺我一雞當償一鬪一鬪雌雄各一也一雄爲錢三十一雌五十一鬪每生十子五爲雄五爲雌一歲四產十雞併種當爲六鬪六鬪當生六十雞以此陪計展轉十年乃已誤殺其一雞雖富商亦償不足客其家無敢損動其一毫閫商值風水蕩去其貲多入黎地耕種不歸官吏及省民經由村峒必舍其家恃以安〇海槎餘錄黎村貿易處近城則曰市場在鄉曰墟場又曰集場每三日早晚二次會集物貨四境婦女擔負接踵于路男子則不出也其地殷實之家畜妾多至四五輩每日與物本令出門貿易俟回收息或五分三分不等獲利多者爲好姦興待之此黎獠風俗之難變也

熟黎之地始是州縣大抵四郡各占島之一陲其中黎地不可得亦無路

通朱崖在隝南陲既不可取徑則復桴海循隝而南所謂再涉鯨波也四郡之人多黎姓蓋其裔族而今黎人乃多姓王生黎質直獷悍不受欺觸不服王化亦不出為人患熟黎貪狡湖廣福建之姦民亡命雜焉侵軼省界常為四郡患云　瓊山村峒凡一百二十六　澄邁村峒凡一百三十七　臨高村峒凡二百三十九　安定村峒凡一百一十二　文昌村峒凡三十五　樂會村峒凡五十三　儋州村峒凡二百九　昌化村峒凡三十三　萬州村峒凡九十三　陵水村峒凡三十　崖州村峒凡九十二　感恩村峒凡四十一

岐

岐人即隋志所謂㐌也有二種遠控黎峒不服王化者為生岐近傍黎圖稍知羈靡者為熟岐舊志熟岐本南恩藤梧高化音語皆同昔從征至此迫捺土黎占食其地種落寢蕃自立峒首頭目分掌村峒校之生岐性習無異腥獷犬狼鳥言夷面無姓名但以村為號生方成童教以弓矢以所擄人口赤剝而繫之樹令其子老弱射之謂之習射中老父大悅每食以大悅每食以大鉢貯飯男女圍聚用匙瓢食之男子著短衫名為黎埇腰前後兩幅掩不至膝兩腿俱露文其臂綴耳以銀環髻堆額前用斗骨為簪拴之飾以雞毛婦女亦著黎埇下圍花幔髻垂後刺涅口腮為紋茅屋簷垂地開門屋山頭內為水棧居之離地二三尺下養羊豕之類男女未配者隨意所適交唱黎歌即為婣婚刻箭結藤為信斬牛歃血為盟木弓竹箭鐵鏃無羽刀柄長尺餘弓箭不釋手雖父子動輒持刃相加每出剳謂之討草討菜不避風日草行露宿登高履險躍步遠跨其疾如風生習麤惡類如此說者謂比之禽獸而能言比之虎狼而有翼者也

按里訛為黎聲之轉也久矣自生黎聽招歸附以入版籍則

熟黎與土官之所爲也其後土官益多生黎未附已竊里户以肥已變詐百端反招生黎爲寇人知淄隆本倡爲禍首故瓊臺志遂書隆本後以無功伏誅稽諸實録則無有也與其招以知縣職豈若授以副巡檢之易羈哉㐌復訛爲岐即黎之遐者定安楊理常入黎嶺始知分有二種生黎之外五指之中歷代不化者爲岐然黎所懼者岐也生黎疆界因瓊抵崖不過三百餘里自儋達萬不過二日餘程候彼三八月鐵荒分兵四面開示信義彼必聽從秉此開路可立衙門岐既從而黎服矣惟崖黎最强者曰羅活曰抱有曰多澗曰千家村及陵水嶺脚峒之陳那洋征後黎人惴慄見軍即跪而軍

欺眇其愚騃無故呰詬哨守管官則又淩辱虐困之何怪其未久復叛也丁卯千家羅活寄村復横兵憲王樵招撫犒賞其惡愈肆及崑山王倬至詗知其非調儋昌崖官軍黎士鵬勒千家村不費斗粟不遺寸鏃數日即歸其逃入旁峒者擒斬鮮報犀黎莫敢違令賊死既多乃下令撫定之自是崖之封内牛畜被野盗賊絶跡此崖民所以報德立祠者也

俚

俚賊在廣州之南蒼梧鬱林合浦寧浦高涼五郡中央地方數千里村落長帥恃在山險不用王法自古及今民俗蠢愚惟知貪利無有仁義道理不愛骨肉而貪寶貨及牛犢若見賈人有

財物及水牛者便以其子易之夫或鬻婦兄亦賣弟父子別業父貧乃有質身於子者有負其家債不時還者其中子弟愚者謂曰我為汝取錢汝當善殯葬我耳即折野葛根數寸徑到債家門下謂曰你負我錢不肯還我因食野葛死於門下其家便稱寃宗族人衆集其家曰汝不還我錢而殺我子弟今當擊汝債家慙懼因以牛犢財物謝之數十倍死家乃自收屍去不以為恨刻木以為符契言誓則至死不改最貴銅鼓鑄初成懸於庭中置酒以招同類來者有豪富子女以金銀為大釵執以扣鼓因遺主人以為納鼓釵風俗好殺多構讎怨至相攻擊輙鳴此鼓集衆到者如雲有是鼓者極為豪强號為都老羣情推服

所異於瓊峒者以雜於諸蠻故也然人能識之俚人則質直尚信雜蠻則勇敢自立皆重賄輕死惟富爲雄巢居崖處盡力農事大抵輕悍易怨以變自嶺以西俚人漸貧至或鬻髮於市自蜆岡以南瀕海種蔬水土爲圃女不知蠶績惟治庖廚村市多有屠婆鮮斗及作變則無論男婦皆能軍云

莫猺

莫猺者自荆南五溪而來居嶺海間號曰山民蓋盤瓠之遺種本猺獞之類而無酋長隨溪谷羣處斫山爲業有採捕而無賦役自爲生理不屬於官亦不屬於峒首故名莫猺也嶺西海北人呼爲白衣山子欽廉適來亦有墾田輸税於官願入編户者

蓋教化之漸被也

蛋户

蛋户者以舟楫爲宅捕魚爲業或編蓬瀕水而居謂之水欄見水色則知有龍故又曰龍户齊民則目爲蛋家晉時廣州南岸周旋六十餘里不賓服者五萬户皆蠻蛋雜居晉書陶璜上疏自唐以來計丁輸於官明洪武初編户立里長屬河舶所歲收魚課然同姓婚配無冠履禮貌愚蠢不諳文字不自記年歲此其異也東莞增城新會香山以至惠潮尤多惠州志蛋長又稱蛋家里長其種不可知考之秦始皇使尉屠睢統五軍監禄鑿河通道殺西甌王越人皆入叢薄中與禽獸處莫肯爲秦意者此即叢薄中之遺民耳宋蘇子瞻有蛋煙蛋雨之句今在歸善者此立著服食與平民類婚姻亦略與下户相通但其籍則繫河泊所在興寧者則編屬縣下六

都立甲首甲以領矣然課額猶稱河泊馬曰蛋民乃所舉者也
隻船支欒衣不蓋膚計舟納課又且代賊逃亡者彼蛋長每徵
課料則通同旅人稱債主計曰行利每錢一文明日二文又明
日四文雖至百文猶不能已於是每每為盜推厥原由旅人里
長罪之魁也嘉靖中知府李玘已設法嚴禁○潮州志潮州蛋
人有姓麥濮吳蘇河古以南蛮為蛇種觀其蛋家神宮蛇像可
見世世以舟為居無土著不事耕織惟捕魚裝載以供食不通
土人婚姻嶺東河海在在有之本縣舊立一戶國初置河泊所
轄之　歲輸魚課米洪武二十四年籍其戶為南
廟里　輸糧之外惟供船差不事他役　至雷瓊則少廣
中近年亦漸知書或登陸附籍與良民同編亦有取科第者矣
然罾門多為勢家所奪蛋民亦行刦盜番禺沙灣東莞布衛新
會金星門至奇獨澳每
蛋船一大九小為一甲官軍至郎九小併為一艘送魚鮮不受
即戰官軍盤之則有尚書主事批文近日清查土豪所占皆退
出在官造冊尋為有力者總
領他日合于倭寇可占矣

盧亭

盧亭亦曰盧餘在廣州城東南百里以採藤蠣爲業男女皆椎結于頂婦女計人及嫁始結胸帶相傳爲盧循遺種故名躶體能伏水中數月此其異於蛋而類於魚者也月山叢談晉賊盧循兵敗入廣其下泛舟以逃居海島上久之無所得衣食生子孫皆赤身謂之盧亭嘗下海捕魚充食其人能於水中伏三四月不死蓋化爲魚類也其捕魚使人張罾則數人下水引羣魚入罾內既入引繩示之則舉罾并其人以上亦有被大魚吞者正德中香山縣獲一人驚以爲異執以赴官將以上聞或識之曰此盧亭也蓋其人入水時偶值颶風不能起潛游素月至香山見罾以爲已地乃坐其中爲人所獲初獲言語不通久之曉漢語詢之信然

馬人

馬人本林邑蠻隨漢馬援流寓銅柱後隨衆來附者也始十戶後孳衍至三百皆姓馬其人深目猳喙散居峒落中獻歲時至

軍府聽令猺獞不與同羣自為一種今亦不可復辨矣唐韓愈詩衙時龍户集上日馬人來謂元旦也

烏蠻

烏蠻烏許之蠻能噉人者也在南海郡之西南安南都統司之北裴淵廣州記在晉興今南寧鎮南關古損子產國生首之輒解而食之謂之宜弟味旨則以遺其君君憙而賞其婦娶妻美則讓其兄其國有烏蠻灘焉其後國廢於漢建武中民各為族常取翠羽採珠為產又能織班布可以為帷幔以鼻水口中進噉如故當交廣之界恒出道鬭伺侯二州行旅有單迴輩者輒出擊利得人食之不貪其財貨也地有棘厚十餘寸破以作弓長四尺餘名狐弩

削竹爲矢以銅爲鏃長八寸以射急疾不凡用也地有毒藥以傅矢金入則撻皮視未見瘡顧盼之間肌肉便皆壞爛須臾而死尋問此藥云取諸蟲有毒螫者合著管中爆之既爛因取其汁日煎之如射肉在其内地則裂外則不復裂也烏滸人便以人肉爲殽俎又取其髑髏破之以飲酒也其伺候行人小有失單出射之若人無救者便扯以火燔燎食之若人有伴相救不容得食力不能盡擔去者便鏦取手足以去尤以人手足掌蹠爲珍異以貽長老出得人歸家合聚隣里懸死人中當四面向坐擊銅鼓歌舞飲酒稍就割食之春月方田尤好出索人貪得之以祭田神其後稍變族類同姓有爲人所殺則居處伺殺

主不問是與非遇人便殺以爲肉食也楊孚紀之爲南裔異物云

鬼奴

鬼奴者番國黑小廝也廣中富人多畜鬼奴絕有力可負數百斤言語嗜慾不通性淳不逃徙亦謂之野人其色黑如墨唇紅齒白髮鬈而黃有牝牡生海外諸山食生物採得時與火食飼之累日洞泄謂之換腸此或病死若不死即可久畜能曉人言而自不能言有一種近海入水眼不貶謂之崑崙奴唐時貴家大族多畜之甘澤謠陶峴者彭澤令孫也開元末家于崑山富有田業自制三舟以自載致賓及貯飲饌有進士孟彥升雲卿布衣焦遂各攜僕妾共載而峴自攜女樂常奏清商曲遇興窮賞吳越之士號爲水僊常有親戚爲南海守因訪

韶石，遂往省焉。郡首嘉其肯来，贈錢百萬，遺古劍長二尺許，玉環徑四寸，海舶崑崙奴名摩訶，善遊入水而勇健，遂悉以所得歸。曰：吾家之三寶也。及回棹，白芒入湘江，每遇水色可愛，則遺環劍令摩訶下取以爲戲。如此數歲，往襄陽，山行次西塞山，泊舟吉祥佛舍，見水黑而不流，曰：此下必有怪物。乃投環劍令摩訶下取，見汩沒波際，久而不出，氣力危絶，殆不任持，曰：環劍不可取，有龍高二丈許，而環劍置前，其引手將取，龍輒怒目。峴曰：汝與環劍，吾之三寶，今者既失環劍，汝將何用，必往爲吾力爭也。摩訶不得已，被髮大呼，目眦血流，窮泉一入，不復出矣。久之，見摩訶支體磔裂，浮于水上，如有所視也。峴流涕水濱，乃命回棹，因賦詩自叙，下復議遊江湖矣。詩曰：臣廬舊業是誰主，吳越新居安此生。白髮數莖歸未得，青山一望計還成。鷗翻楓葉夕陽動，鷺立蘆根秋水明。從此舍舟何所詣，酒旗歌扇正相迎。

明永樂四年，婆羅國東王、西王各遣使來朝，以黑小廝充貢物。海語：圓目黄睛，性絶專戇，木食如猿猱，近煙火淚自死。出暹羅畜蠻。

畲蠻嶺海隨在皆有之以刀耕火種為名者也衣服言語漸同齊民然性甚狡黠每田熟報稅與里胥為奸里胥亦憑依之近海則通番入峒則通猺凡田墠礦場有利者皆糾合為慝以欺官府其害憯於甲兵廣惠雷廉罹其毒螫而事不發者里胥庇之也按周官土訓掌道地圖以詔地事道地慝以辨地物而原其生以詔地求謂昔有而金無似利而實害者皆為地慝誦訓掌道方志以詔觀事掌道方慝以詔辟忌以知地俗謂毒蠱之類皆為方慝（周官庶氏掌除毒蠱以攻說禬之嘉草攻之其禍之來久矣粵地山林川澤之阻虎狼虺蜴雖或害人然毒莫如胡蔓蠱莫如蘗鬼者胡蔓草也葉如茶其花黃而小一葉入口百竅潰血人無復生迩來品彙盈花葉異常不獨郊外雖邑內在在有之宄民將取以毒人則拈搖若喜舞狀真妖物也或有私怨者茹之呷水一口則腸立斷或與人鬬置毒

于食以禁其親誣以人命者有之知縣鄒騐嚴加禁約乃少悛焉藥鬼者愚民造蠱圖利取百蟲器置經年視獨存者能隱形與人為禍隋志載其法五月五日聚百種蟲大者至蛇小者至虱合置器中令自相啖餘一種存者留之蛇則曰蛇毒虱則曰虱毒行以殺人因食入人腹内食其五臟死則其產移入蠱主之家三年不殺人則畜者自鍾其弊累世子孫相傳不絕亦有隨女子嫁焉凡屋宇淨無塵蜖者即其鬼所為也又名挑生于飲食中魚肉菓菜皆可挑入中其害者胸腹攪痛十日其毒能動蠱脹如瘓九孔流血而死初中毒嚼黑豆不腥易以白礬其甘如錫治之以歸蒐散雄珠丸在胸膈急宜飲麻油及食蜜冬瓜生或田鼠差驗嶺南衛生方治胡蔓草毒急取抱卵未出雞仔細研和以清油斡口灌之乃吐而甦其蠱毒挑生在上膈者膽礬半錢投在熱茶内候溶化服之以雞翎攪喉令吐其下膈者鬱金末二錢飯湯調下即瀉出至于麻藥冒室誘小民置酒中飲後昏不知人事貨財皆被奪去然醒後不知死亦惡物也患始會變而齊民効之是在有司加意禁治而已

澳夷

自唐設結好使于廣州自是商人立戶迄宋不絕詭服殊音多留寓海濱灣泊之地築室聯城以長子孫使客至者往往詭異形諸吟咏明洪武初令番商止集船所不許入城通番者有厲禁正德中始有夷人私築室於灣澳者以便交易每房一間更替價至數百金嘉靖三十五年海道副使汪柏乃立客綱客紀以廣人及徽泉等商爲之三十八年海寇犯潮始禁番商及夷人毋得入廣州城然自後夷人居香山濠鏡澳者築城置守具遂久留不去　通志

廣西

嶺表諸夷種落不一皆古百蠻之種也一曰猺介巴蜀楚粵間

綿亘数千里椎髻跣足衣斑襴布褐采竹木為屋繩樞葦簀覆
以菁茅種禾黍粟豆山芋雜以為糧暇則獵山獸以續食嶺蹬
險阨負戴者悉著背上繩繫于頸膊間倭而趨俗喜讐殺又能
忍饑行鬪上下履險若飛兒能行燒鐵石烙其根蹠使頑木不
仁故能履棘茨根枿而不傷兒始生稱之以鐵如其重漬之毒
水兒長大鍛其鐵製刀試刀必斬牛仰刀牛項下以肩負刀一
負即殊者良刀也弩名偏架弩以一足蹶張背手傅矢往往命
中鎗名棹鎗長二丈戰則一弩一鎗相將而前執鎗者前卻不
常以衛弩執弩者口銜刀而手射人或冒刃逼之釋弩取口中
刀奮擊退去亦有伏弩歲首祭先雜揉魚肉酒飯於木槽扣槽

群號爲禮十月朔祭都貝大王男女各成列連袂相携而舞謂之踏猺意相得則男咿嗚跳躍負所愛去奔入巖洞插柳避人遂爲夫婦樂有銅鼓胡盧笙竹笛之屬其合樂時衆音競鬨擊竹筩爲節山谷間稻田無幾天少雨稑種不收無所得食則四出剽掠跟蹤篁竹飄忽往來州縣覺知則已入巢官軍但分屯路口山多蹊不可徧防久益勞費猺亦有數種有熟猺有生猺又有白猺黑猺生猺在窮谷中不與華通熟猺與州民犬牙或通婚姻白猺大類熟猺黑猺大類生猺此其大較也一曰獞與猺雜處風俗畧同而生理一切陋簡冬編鵞毛雜木葉爲衣摶飯掬水而食居室茅緝而不塗衡板爲閣上以棲止下畜牛羊

猪犬謂之麻欄子大娶婦别欄另爨娶日妻即還父母家夜與鄰女作　數年田時間與夫野合覺有娠乃密告其夫作欄又數年延師巫結花樓祀聖母親族少男少婦數百千人歌飲號呌劇戲三四日夜乃畢謂之作星少婦于春時三五爲伴採芳拾翠於山椒水湄歌唱爲樂少男亦三五爲群歌以赴之一唱一和竟日乃已以衣帶相贈答去又善爲毒矢爲蠱毒本類相仇纖芥不已雖累世必復其鬭或誤殺人者以牛畜爲償或數十頭至百頭名曰人頭錢流刦則糾黨麋起亦有渠長人先給銀三錢賂其家曰鎗頭錢在山三五爲群要人於路伏草在江突衝而出繫船取貨覊以求贖謂之勾船或攻打村民棄田廬

以避即其村據之謂之打地且其人耐饑唉鹽數顆草木俱可食師與則遠遁絕嶠莫可誰何獞亦有生獞熟獞與生熟猺大抵相類一曰犵狪獠人凡二種依山林居無渠長版籍以射生爲活一村中推有勇力者曰郎火餘俱稱火男女三四日用米泔沐髮不聞寒暑婚葬用五行以鷄卜吉凶樂有六管笙兩脚踏地而吹衆歌以倚之又以大木之枝埋地作獨木樓高數丈上覆尾鋪板男歌唱者夜則緣宿其上謂之羅漢樓器械與猺同而勇捷過於獞每出剽掠皆冒稱爲猺一曰狑人一曰猍人一曰狪人一曰獠人有西原廣源諸蠻皆依山谷爲生其氣習多與猺獞同又有蛋人世世以舟爲居無土著不事耕織唯捕魚

供食不通土人婚姻又有山子獠人無版籍定居惟斫山種畬鏃木盤鍋射獸而食之食盡又移一方男女皆徒跣夫婦野合類獸與人異又有斑衣獞女著短裙僅及膝坐則以膝齊跪地爲礼又有大良言語居處服食與獞大同而性與獞異有戶口版籍較之民尤淳朴租賦尤易辦其俗敦厚人至其家不問識否輒具牲醴欵待任大嚼劇飲無吝意後被獞殺占逃散去之城廂村落傭耕樵採此數種者自爲部落不侵中國其爲中國患者莫如猺獞云

慶遠府推官謝天樞曰五嶺之地與險阻絶古稱南交書曰秩南訛即其地也言其民多訛亂而難治也周官曰荒服不

王言其人情性荒忽靡常終王者之世不來王也義在羈縻勿絶而已故其地有羈縻之州名至今而不改漢唐以後頗遷中土之人以實之俗蒸蒸然變矣而其雜種曰猺曰獞曰狼曰狭曰狪厥名不一皆以獸命之謂其蠢獷相搏噬如鷙獸之難馴也春秋時楚實有其地故楚之史亦名曰檮杌蓋以是耶其地焚田盡樹其語侏儒其俗以藥弩强弓為耕作睚眦相仇殺人尋數世不止殺人者法不死計其家頭畜多少輸所死之家不用漢法抵罪急則走而之毒箐瘴篁中封羊擊豕一日嘯聚數千百人杯酒殺長吏以為常其婦人亦能驅字牝貫勁弩頭纏花裹開軍府拜跪千餘人不敢仰視

如徵側徵貳者不可勝記伏波銅柱之功以二女子而立此
史書之可信者也明田州藤峡之亂韓雍王守仁皆提兵數
十萬始克蕩平然未能一鼓而殄滅之也不過吏其渠帥監
以流官如負薪而塞瓠子之河視其潰者壅之耳今國家定
鼎獨此彈丸再煩王師数年以來剽掠聚落殺長吏又屢見
告矣議者皆以爲憂予獨以爲不然夫今之猺獞與漢人無
異所不同者飲食言語衣服耳其蠻長已世其州縣長官之
秩食租衣税意自足無他求也所患者豪强之吞併貪吏之
誅求耳而部種多散處民間雜作傭保愚者爲人役屬襦褐
不給黠者不堪其誚辱梗而竄草間又有亡命奸人恃爲逋

淵煽之狂走往往竊其名以行究所爲真猺真獞十無一二也予以爲當嚴檄所司籍其名口有願比泒户者編入閭伍給以牛種其不願者令隸附近土官編管如有以殺人及隱匿亡命之罪告發者責彼勾攝倘或不獲罪坐所隸之官又安所逃其死予至於土州縣長官亦宜令明習漢律不得擅决殊死使彼不得專生殺之柄而下亦自泯其仇殺之端然後時飭邊吏勿俾誅賄生釁而彼亦因以安其田土保其禄位庶知我朝廷之寬大咸受冠帶死不敢爲非矣如是則周之職方再見於今日而樓船下瀨之師俱可置而不用也

貴州通志

貴州爲荒裔雖有郡縣衛所之設皆錯處於諸蠻之中其種類各殊俗尚亦異有苗人有羅、有犵狫有木老有仲家有龍家有宋家有蔡家有八番有土人有佯獚有蠻人楊保僰人峝人而通謂之爲苗蠻苗之中又有花苗青苗東苗西苗牯羊苗白苗谷蘭苗九股苗黑苗短裙苗紫薑苗九名九姓苗夭苗生苗紅苗陽洞羅漢苗之不一大柢皆以服飾爲别今詳列圖説於左

花苗

花苗在新貴縣廣順州男女折敗布緝條以織衣無衿　而納諸首以青藍布裹頭少年縛楮皮于額婚乃去之婦人斂馬

尾雜人髮爲髮大如斗籠以木梳裳服先用蠟繪花于布而後染之既染去蠟則花見飾袖以錦故曰花苗凡苗皆三苗之亂其人有名無姓有屬無長不知正朔以十二辰屬爲期無文字刻木爲信魋結佅僸陟岡巒躡荊棘捷如猿猱散處山谷間聚而成村曰寨誅茅構宇不加斧鑿架木如鳥巢寢處炊爨與牲畜俱夜無臥具掘地爲爐爇柴而反側以炙雖隆冬稚子率裸而近火所食多以麥稗雜野蔬間有稻皆儲以待正供或享賓有終身不穀食者每歲孟春合男女於野謂之跳月預擇平壤爲月場及期男女皆更服飾粧男編竹爲蘆笙吹之而前女振鈴繼于後以爲節並肩舞蹈迴翔婉轉終日不倦暮則挈所私

歸謔浪笑歌比曉乃散聘貲以女之妍媸爲盈縮必生子然後歸夫家以季夏爲歲首屠牛釃酒以祀天有喪則宰牛召戚屬遠近奔赴携酒食以賻之環哭盡哀葬不官棺斂手足而瘞之其卜地以雞子擲之不破者爲吉病不服藥惟禱於鬼謂其巫曰鬼師鬼師秉是以愚之或宰牲磔雞或殺牛雖極貧亦必稱貸迎爲之往往以此破家終不悔悟動作必卜或折茅或熟雞驗其腔骨與腦諸苗之俗大都類此

東苗西苗

東苗西苗在新貴縣之谷池里男髽髻著短衣色尚淺藍首以織花布條束髮婦着花裳無袖惟遮覆前後俗與花苗同

克孟牯羊苗

克孟牯羊苗在廣順州金筑司擇懸崖洞穴以居高者百仞不設床笫　諸苗之中惟以上四種頗淳樸憚見官有不平惟從其鄉老決之輸租服役比于良民故其貧尤甚

青苗

青苗在鎮寧州服飾皆尚青男子頂竹笠躡草屨佩刀婦人以青布一幅製如九華巾著之性强悍好爭鬬頗同于羅羅然不敢爲盜

白苗

白苗在龍里縣亦名東苗西苗服飾皆尚白性戅而厲轉徙不

恒多為人雇役貍佃往往負租而逃男子科頭赤足婦人盤髻長簪

谷蘭苗

谷蘭苗在定番州性兇頑善擊刺出入必持鎗弩蠻黨皆畏之

小平伐司苗

小平伐司苗在貴定縣男子被草衣短裙婦人長裙綰髻祭鬼殺犬死則塟以木槽

九股苗

九股苗在興隆衛凱里司與偏橋之黒苗為一類色尚青性尤兇悪處深穴被重鎧挽強弩名曰偏架一人持之二人蹶張矢

無不貫明時常嘯聚稱亂阻絕往來為大道之患

紫姜苗

紫姜苗在都匀丹平與獨山州之九名九姓苗同類狠詐而饕誕以十一月朔為節元日忌門不出二七而解犯者以為不祥嗜殺尤甚

短裙苗

短裙苗在思州葛彰以花布一幅橫掩及骭

天苗

天苗在陳蒙爛土天壩一名里苗緝木葉以為上服衣短裙女子年十五六即搆竹樓埜外處之人死不葬以藤蔓束之樹間

生苗紅苗

生苗在施秉縣紅苗在銅仁府均爲一類有吳龍石麻白五姓衣被俱用斑絲女工以此爲務牲畜不宰多搯殺以火去毛微烹帶血而食之人死仍用棺將所遺衣服裝像擊鼓歌舞名曰調鼓每歲五月寅日夫婦各宿不敢言不出門户以避鬼恐致虎傷卜用梳同類相殺以婦人勸方鮮凡出劫富者出牛酒以集衆有獲則中分之遇殺死則出銀以償之被擄者必索金贖少則加以非刑明時屢煩征討

陽洞羅漢苗

陽洞羅漢苗在黎平婦人養蚕織錦服短衫繫雙帶結於背胸

前刺繡一方以銀錢飾之數日必淅水沃髮少選滌之澗中婚姻先外家不則卜他族遠者爲生苗衣短衣佩刀弩小隙輙操戈叛服不常

羅羅

羅羅本盧鹿而訛爲今稱有黑白二種居平遠大定黔西威寧者爲黑羅羅亦曰烏蠻黑者爲大姓羅俗尚鬼故又曰羅鬼蜀漢時有濟火者從丞相亮破孟獲有功後封羅甸國王即安氏遠祖自羅甸東西若自杞夜郎牂牁則以國若特唐白衣九道則以道名皆羅羅之種也羅羅之俗愚而戀主即虐之至死猶舉其子姓若妻妾戴之不敢貳故自濟火以來千有餘年世長

其主勒四十八部部之長曰頭目其等有九曰九扯最貴者曰叟苴不名不拜賜鏤銀鳩杖借擬師保凡有大政取決焉次則慕魁勺魁　色以至黑乍皆有職守其人深目長身黑面白齒以青布帛為囊籠髮其中而束于額若角狀行則荷氊戴笠見其主必左肩拖羊皮一方悍而喜鬬習攻擊尚氣力故其兵常為諸蠻冠諺云水西羅鬼斷頭掉尾言其相應若率然也亦有文字類蒙古書坐無几席與人食飲一盤水一盂匕一枝抄飯

許摶之若丸以匕躍入口食已滌滕刷齒以為潔作酒盎而插以蘆管咂飲之男子則薙髭而留鬍婦人束髮纏以青帶然報旁通覡不悉也疾不延醫惟用巫號曰大奚婆事無巨細皆

次之正妻曰耐德非耐德所生不得繼立其長死則集千人被甲冑馳馬若戰以錦段氊衣披死者尸焚於野拾䰟而葬之張蓋於上盜隣長首以祭不得則不能祭期會交質無書契用木刻重信約尚盟誓凡有久側剢牛以 領兵肉即不敢復背善造堅甲利刃標鎗勁弩置毒矢末霑血即死

白羅羅

白羅羅永寧州募役司及水西皆有之一曰白蠻與黑羅羅同而爲下姓飲食無盤盂以三足釜灼毛𨡀血無論鼠雀蚳蝝蝡動之物攫而燔之攢食若彘不足文字結繩刻木爲信人死以牛馬革裹而焚之居普定者爲阿和俗同白羅羅以販茶爲業

犵狫

犵狫其種有五矯而善奔輕命死黨觸之則麇沸得片肉巵酒即捐軀與之男女皆以幅布圍腰間傍無襞積謂之桶裙花布者爲花犵狫紅布者爲紅犵狫各有族屬不通婚姻殮以棺而不葬置崖穴間高者絕地千尺或臨大河不施蔽蓋樹木主於側號曰家親殿在平伐平遠者爲打牙犵狫剽悍尤甚女子將嫁必折其二齒恐妨害夫家也父母死用長木桶爲棺葬之路傍

剪頭犵狫

剪頭犵狫在新添男女蓄髮寸許死則積薪焚之又有猪豕犵

狤身面經年不靧與犬豕同牢得獸即咋食如狼在清平者頗通漢語聽東約石阡之苗民司黎平之八舟古州曹滴司皆有之

木老

木老性狡悍善製刀初娶分寢既生子然後同處祀鬼用五色旗遇節則鼓歌迎婭亦有長幼之節新添都勻黔西皆有之

仲家

仲家貴陽都勻鎮寧普安皆有女人男子以帕束首躧屩好樓居有姓字衣尚青婦人多織好而勤於織以青布蒙髻若冐絮之狀長裙襀多者二十餘幅拖腰以綵布一幅若綬仍以青

布襲之短僅及腰躡履亦于孟春跳月用綵巾編為小圓毬如瓜謂之花毬視所歡者擲之在室奔而不禁嫁乃絶之以姿色定聘貲多至牛三五十頭喪則屠牛召親友以大甕貯酒執牛角遍飲必傾瀉淋漓而後快醉或至於相毆殺主人不食肉止食魚蝦習陰陽家言葬用棺以傘覆墓上期年而火之不上塚以十一月為歲首以牛馬雞牲骨用米糝和之以作醢至酸臭為佳以多者為富又多畜蠱毒夜飛而飲於溪有金光一道謂之金蚕蠱每以殺人如不殺人即反噬其主又歛百物之毒以染箭鏃中人血濡縷立死性險譎嗜殺出入必負强弩帶利刃睚眦之讐必報近者勾遠賊為盜藪或聚衆出刼或擄人于途

明時累行征剿然兵至則散兵去復聚難與持久後用鵰剿法
稍稍寧戢蓋黔之患未有大於仲家者
萬曆四十三年閏八月貴州巡撫張鶴鳴疏曰仲乃廣西猺
獞遺種流入黔中分則爲民紏則爲盜環会城及頊孔道大
約寨有一千四百七十餘處人約三萬有奇紅苗者環銅仁
石阡思州思南四府東連楚地西接蜀川周匝二千里有餘
種類殆將十萬而鎮遠清平之間有大江小江九股等種皆
楊應龍遺孽近至萬餘出沒行刼至於土官之讐殺安隴之
搆釁十三州流賊之狐號鴟嘯乃黔中從來未有之事此增
兵增餉萬不可已者也往日鵰剿多芝

龍家

龍家蓋徙𩤊氏之訛其種有四在康佐曾竹者爲狗耳龍家衣尚白好依深林叢莽之間男子束髮而不冠善石工婦人辮髮螺結上插若狗耳之狀衣斑衣以五色藥珠爲飾貧則以薏苡代之春時立木于野謂之鬼竿男女旋躍而擇對既奔則女氏之黨以牛馬贖之方通媒妁人死以杵擊臼和歌哭舁之幽岩秘而無識以七月七日祭其先塋

馬鐙龍家

馬鐙龍家在寧谷西堡頂營之間多張劉趙三姓衣尚白喪服則易之以青婦人緇布作冠若馬鐙加髻以簪束之一曰大頭

龍家男子以牛馬鬃尾雜髮而盤之若盔以尖笠覆之

宋家

宋家蓋中國之裔春秋時宋爲楚子所吞食俘其人民而放之南徼遂流爲彝即宋宣慰之祖也頗通漢語識文字勤于耕織男子帽而長衿婦人笄而短襟將嫁男家遣人往迎女家則率親戚箠楚之謂之奪親既歸旦則進盥于姑舅夕則燀湯請浴三日而罷喪葬飯蔬飲水二十一日封而識之若馬鬣今亦盡变而爲華不復可别識矣

蔡家

蔡家即蔡人亦爲楚所俘在威清平遠男子製氊而衣婦人以

氈爲髻飾以青布若牛角高尺許用長簪綰之短衣長裠以耕
織爲業

八番

八番在定番州服食居處與漢人同其俗勞女逸男婦人直頂
作髻業耕織穫稻和楷儲之刳木作臼曰椎塘每臨炊始取稻
把入臼手舂之以寅午日爲市歲會擊長腰鼓爲樂以十月望
日爲歲首葬不擇日夜靜出之葢不忍使其親之知也

土人

土人所在多有之葢歷代之遺民也在廣順新貴新添者與軍
民通婚姻歲時禮節皆同男子間貿易婦人力耕作種植時田

歌相答哀怨殊可聽歲首則迎山魈逐村屯以為儺男子粧飾如社夥擊鼓以唱神歌所至之家皆飲食之在黎平府曹滴司者多思播流裔

㹤獚

㹤獚一曰楊黃其種亦夥都勻石阡施秉龍泉提溪黎平潭溪新化歐陽中林亮寨湖耳龍里萬山之中皆有之刳壁四立而不塗門戶不扃出則以泥封之男子計口而耕婦人度身而織暇則挾刀操笱以漁獵為業把忌以三月朔父母死則焚其衣服插其牛馬以贈之婚喪以犬相遺

蠻人

蠻人在新添衛丹行二司性獷戾以丑戌爲場十月朔日爲節祭鬼爲樂又有冉家蠻在石阡沿河司俗與蠻人同

楊保

楊保播州之裔性奸狡其婚姻祭葬悉同漢人死喪亦有挽思哀悼之禮龍泉爲多

僰人

僰人在普安州土官各營男女皆冠氊片垢不沐浴與滇之猓猓同

峝人

峝人性多忌喜殺出入夫婦必偶挾鏢弩自隨飲食辟鹽醬冬

以茅花為絮禦寒在石阡司朗溪司者頗類漢人多以苗為姓在永從諸寨者常貧固自匿然少為盜在洪州者地肥多稼而惰於耕作惟喜剽刼尋常持刀挾弩潛伏陂塘踉蹌篁薄中飄忽殺越不可蹤跡又招致四方亡命分受鹵獲歲饑愈甚故黎平之盜洪州爲最

河源考

河源古無所見禹貢導河止自積石漢使張騫持節道西域度玉門見二水交流發葱嶺趍于闐匯鹽澤伏流千里至積石而再出唐薛元鼎使吐蕃訪河源得之於悶磨黎山然皆歷歲月涉艱難而其所得不過如此世之論河源者又皆推本二家其說恠迂總其實非本真意者漢唐之時外夷未盡臣服而道未盡通故其所往每迂廻艱阻不能直抵其處而究其極也元有天下薄海內外人迹所及皆置驛傳使驛往來如行國中至元十七年命都實為招討使佩金虎符往求河源都實既受命是歲至河州〻之東六十里有寧河驛〻西南六十里有山曰殺

馬闌林麓穹隘舉足浸高行一日至巔西去愈高四閱月始抵河源是冬還報并圖其城傳位置以聞其後翰林學士潘昂霄從都實之弟闊闊出得其說撰為河源志臨川朱思本又從八里吉思家得帝師所藏梵字圖書而以華文譯之與昂霄所志互有詳略今取二家之書考定其說有不同者附注于下按河源在土蕃朵甘思西鄙有泉百餘泓沮洳散渙弗可逼視方可七八十里履高山下瞰燦若列星以故名火敦腦兒火敦譯言星宿也思本曰河源在中州西南直四川馬湖蠻部之正西三千餘里雲南麗江宣撫司之西北一千五百餘里帝師撒思加地之西南二千餘里水從地涌出如井其井百餘東北流百餘里匯為大澤曰火敦腦兒群流奔輳近五七里匯二巨澤名阿剌腦兒自西而東連屬吞噬行一日迤邐

東鶩成川號赤賓河又二三日水西南來名亦里出與赤賓河合又三四日水南來名忽闌又水東南來名也里术合流入赤賓其流浸大始名黃河然水猶清人可涉思本曰忽闌河源出自南山其地大山峻嶺綿亘千里水流五百餘里注也里出河也里出河源亦出自南山西北流五百餘里始與黃河合又一二日岐為八九股名也孫斡論譯言九渡通廣五七里可度馬又四五日水渾濁土人抱革囊騎過之聚落糾木幹象舟傅髦革以濟僅容兩人自是兩山峽束廣可一里二里或半里其深叵測朶甘思東北有大雪山名亦耳麻不莫剌其山最高譯言騰乞里塔即崑崙也山腹至頂皆雪冬夏不消土人言逮年成冰時六月見之自八九股水至崑崙行二十日思本曰自渾水東北流二百餘里與懷里火禿

河合懷里火禿河源自南山水正北偏西流八百餘里與黃河
合又東北流一百餘里過即麻哈地又正北有一百餘里與黃
而西北流二百餘里又折而正北流一百餘里又折而東流過
崑崙山下番名亦耳麻不剌其山高峻非常山麓綿亘五百餘
里河隨山足東流過撒
里加闊即闊提地
河行崑崙南半日又四五日至地名闊
即及闊提二地相屬又三日地名哈剌別里赤兒四達之衝也
多寇盜有官兵鎮之近北二日河水過之思本曰河過闊提亦西八思今河合亦
西八思今河源自鐵豹嶺之北正北流凡五百餘里而與黃河合崑崙以西人簡少多處山南
山皆不穹峻水亦散漫獸有髦牛野馬狼狍羱羊之類其東山
益高地亦漸下岸狹隘有狐可一躍而越之處行五六日有水
西南來名納鄰哈剌譯言細黃河也思本曰哈剌河自白狗嶺之北水西北流五百餘里
與黃河合又兩日水南來名乞兒馬出二水合流入河思本曰自哈剌河與黃河合

止北流二百餘里過阿以伯站折而西北流經崑崙之北二百餘里與乞里馬出河合乞里馬出河原自威茂州之西北岷山之北水北流即古當州境正北流四百餘里折而西北流又五百餘里與黃河合河水北行轉西流過崑崙北一向東北流約行半月至貴德州地名必赤里始有州治官府州隸吐蕃等處宣慰司司治河州又四五日至積石州即禹貢積石五日至河州安鄉關一日至打羅坑東北行一日洮河水南來入河思本曰自乞里馬出河與黃河合又西北流與鵬拔河合鵬拶河源自鵬拶山之西北水正西流七百餘里過札塞塔失地與黃河合折而西北流三百餘里又折而東北流過西寧州貴德州馬嶺凡八百餘里與邈水合邈水源自青唐宿軍谷正東流五百餘里過三巴站與黃河合又東北流過土橋站古積石州來羌城廓州播米站界都城凡五百餘里過河州與野尾河合野尾河源自西傾山之北水東北流凡五百餘里與黃河合又東北流一百餘里過踏白城銀川站與湟水浩亹河合湟水源自祁連山下正東流一千餘里注浩亹河浩亹河源自刪丹州之南刪丹山下水東南流

七百餘里水然後與黃河合又東北流一百餘里與洮河合洮河源自羊撒嶺北東北流過臨洮府凡八百餘里與黃河合又一日至蘭州過北卜渡至鳴沙河過應吉里州正東行至寧夏府南東行即東勝州隸大同路自發源至漢地南北澗溪細流傍貫莫知紀極山皆草石至積石方林木暢茂世言河九折彼地有二折蓋乞兒馬出及貴德必赤里也思本曰自洮水與河合又東北流過達達地凡八百餘里過豐州西受降城折而正東流過達達地古天德軍中受降城東受降城凡七百餘里折而正南流過大同路雲南州東勝州與黑河合黑河源自漁陽嶺之南水正西流凡五百餘里與黃河合又正南流過保德州葭州及興州境又過臨州凡一千餘里與吃那河合吃那河源自古宥州東南流過陝西省綏德州凡七百餘里與黃河合又南流三百里與延安河合延安河源自陝西蘆子關亂山中南流三百餘里過延安府折而正東流三百里與黃河合又南流三百里與汾河合汾河源自河東朔武州之南亂山中西南流過管州冀寧路汾州霍州晉寧路絳州又西流至龍門凡一千二百餘里

口與黃河合又南流二百里過河中府過潼關與太華大山綿亘水勢不可復南乃折而東流大槩河源東北流所歷皆西番地至蘭州凡四千五百餘里始入中國又東流過達〻地凡二千五百餘里始入河東境內又南流至河中凡一千八百餘里通計九千餘里

元史地理志
別失八里
至元十五年授八撒察里虎符掌別失八里畏兀城子里軍站事十
七年以萬戶綦公直戍別失八里十八年從諸王阿只吉請自大和
嶺至別失八里置新站三十二十年立別失八里和州等處宣慰司
二十一年阿只吉使來言元隸只必帖木兒二十四城之中有察帶
二城置達魯花赤就付闊端遂不隸省至是奉旨誠如所言其還正
之二十三年遣侍衛新附兵千人屯田別失八里置元帥府即其地
以揔之
欽察

太宗甲午年命諸王拔都征西域欽叉阿速斡羅思等國歲乙未亦命憲宗往焉歲丁酉師至寬田吉思海傍欽叉酋長八赤蠻逃避海島中適值大風吹海水去而乾生禽八赤蠻遂與諸王拔都征斡羅思至也列贊城七日破之歲丁巳出師南征以駙馬剌真之子乞歹爲達魯花赤鎮守斡羅思阿思歲癸丑括斡羅思阿思户口

吉利吉思撼合納謙州益蘭州等處

吉利吉思者初以漢地女四十人與烏斯之男結婚取此義以名其地南去大都萬有餘里相傳乃滿部始居此及元朝析其民爲　千户其境長一千四百里廣半之謙河經其中西南流又西南有水曰阿浦東北有水曰玉須皆巨浸也會於謙而注於昂可剌河北入於

海俗與諸國異其語言則畏吾兒同廬帳而居隨水草畜牧頗知田作遇雪則跨木馬逐獵土產名馬白黒海東青昂可剌者因水為名附庸於吉利吉思去大都二萬五千餘里其語言與吉利吉思特異晝長夜短日沒時炙羊肋熟東方已曙矣即唐史所載骨利斡國也烏斯亦因水為名在吉利吉思東謙河之北其俗每歲六月上旬刑白馬牛羊灑馬湩咸就烏斯沐漣以祭河神謂其始祖所從出故也撼合納猶言布囊也蓋口小腹巨地形類此因以為名在烏斯東謙河之源所從出也其境上唯有二山口可出入山水林樾險阻為甚野獸多而畜字少貧民無恒產者皆以樺皮作廬帳以白鹿負其行裝取鹿乳採松實及劚山丹芍藥等根為食冬月亦乘木馬出獵謙

州亦以河為名去大都九千里在吉利吉思東南謙河西南唐麓嶺之北居民數千家悉蒙古回紇人有工匠數局蓋國初所徙漢人也地沃衍宜稼夏種秋成不煩耘耔或云汪罕始居此地益蘭者蛇之稱也初州境山中居人見一巨蛇長數十步從穴中出飲河水腥聞數里因以名州至元七年詔遣劉好禮為吉利吉思撼合納謙州益蘭州等處斷事官即於此州修庫廪置傳舍以為治所先是數部民俗皆杞柳為杯皿刳木為槽以濟水不解鑄作農器好禮聞諸朝乃遣工匠教為陶冶舟楫土人便之

阿里麻里

諸王海都行營於阿力麻里等處蓋其分地也自上都西北行六千

里至回鶻五城唐號北庭置都護府又西北行四五千里至阿力麻里至元五年海都叛舉兵南來世祖逆敗之於北庭又追至阿力麻里則又遠遁二千餘里上令勿追以皇子北平王統諸軍于阿力麻里以鎮之命丞相安童往輔之

各處海島礁嶼便覽一卷自三江口起至北關止水訊灣澳一卷

〔清〕佚名撰

《各處海島礁嶼便覽》一卷《自三江口起至北關止水訊灣澳》一卷，撰者不詳。《各處海島礁嶼便覽》記厦門港口近海情形、厦門過臺鍼路水程沿途島嶼、南澳至寧波鍼路水程島嶼、臭塗洋面潮汐時刻情形、厦門往寧波乍浦按邊鍼路、厦門往錦川山東遼島天津各處鍼路、各澳風信漲流、厦門上北按邊鍼路到北關沙埕、上北按邊逃颱稔澳（泉州港起）等。《謹録沿海水途行舟便覽》記福建濱海港口礁石、潮汐、泊船等。後附《自三江口起至北關止水訊灣澳》，記福建濱海要衝、駐軍分佈及武備防區等；《船過彭湖臺灣水汛》，記船過彭湖臺灣行駛指南與各處防務。據天一閣博物院藏清抄本影印。

海島礁嶼
沿海水途

各處海島礁嶼便覽

廈門港內

水仙宮內開有雨繖礁一片沈水粗

貞仔西北開有沈水粗一片辨看猴嶼塔山尖

草仔垵開有沈水粗一片

虎頭山開有沈水粗一片

火仔埃開有沈水粗一片
港子口開有沈水粗一片
劒石尾東北開有沈水粗一片
湖裏西南開有沈水粗一片
廈門港口放洋
廈港至大担一更
大担至烏嘴尾一更

一百二十九字

烏嘴尾至北椗二更

又由東椗起至烏龜山七更

烏龜山至牛嶼三更

牛嶼至東勇四更

東勇至台山三更

台台山至南北杞四更

南北杞至支山三更

支山至鳳尾長山四更

鳳尾至大小魚山三更

魚山至普渡山前二更

彧魚山直至北烏龜山四更左右有山

北烏龜山至儘山三更　儘山至花鳥二更

花鳥至大揖山二更是處走外見紅水便入吴松外洋口或是青水便是舟山

外洋俱有見山

大揖至燈船二更此處俱是紅水可入半口或未到燈船便有舵水人夫接引該

處水淺

張　一百八十六字

燈船至三株樹一更有塔衣岸

三株樹至梧松二更是入小口此處如大船等候風潮或僱小船引至上海要

需引費千餘文

梧松至上海二更此係內河有風雨時可到無風候潮一水可到

過臺鍼路

南澳放南風洋用甲庚兼卯酉九更取澎湖觀音

三

大嶼

在銅山放南風洋用乙辛可見澎湖觀音大嶼

如欲放南風洋面掉若無風信流水漲頂即可探辨深浅或練至三十餘里托可能寄椗即知

山嶼進港若見北風大流不可行船恐有漂流

在六鼇放南風洋用辰戌見花嶼

在井尾港放南風洋用乾巽如西南風兼辰戌見

此張二百〇十三字

花嶼

在鎮海放南風洋用巳亥如西南風用乾巽兼巳亥見貓嶼

在蔆坑旗尾放南風洋用壬丙至下半夜兼巳亥如水漲無風可寄碇有風即見花嶼

在大担口放北風洋用乙辛至下半夜兼辰戌先

四

見西嶼頭

在金門塔仔胶放北風洋用乙辛至下半夜兼辰

戌先見北山嶼可入澎湖媽祖宮內

在料羅放北風洋用辰戌至下半夜兼乾巽見揖

仔澳

船到澎湖見桔樹身北用辰戌兼乾巽取鹿耳門

此張一百五十六字

入港

在磁頭放北風洋用巽乾七更見西頭嶼

在石圳放洋用巽巳七更見西頭嶼

在永甯深滬放洋用單巳七更見西頭嶼

在大墜祥芝用丙巳七更

在崇武大岞放洋用單丙八更見西頭嶼

在崇武往澎湖東北風用丙巳下半夜兼單丙見西頭嶼

在湄洲平海放洋用子午九更見西頭嶼

在鹿耳門南風往澎湖見單戌見吉嶼後用乾戌見西嶼

在鹿港往澎湖用坤艮取象嶺象嶺用申寅見兒

此張一百五十五字

女嶼可入澎湖
在鹿耳門南風往廈門用辛已見南太武
在鹿耳門出招正南風用辛酉鍼對大嶼南過又
用單辛見南大武
冬天出在鹿耳門出招好風西用乾亥鍼見東西
吉

西嶼頭放北風洋用乾亥鍼見北太武
在崇武放北風洋往鹿港用乙亥兼辰巽見大度
山十一更在鹿港放洋往崇武用乾亥鍼十一
更見崇武大岞
南澳蠟嶼往甯波按邊鍼用甲庚取宮仔用前蜡
嶼用坤艮取懸鐘聖澳內是詔安港口有礁名

此張一百六十四字

牛母運有網桂船拋汕尾寮媽祖宮前聖澳用
乙辛取下額頭恐轉流洎倚可用開一字額內
有澳是九夏沃內佳備嶼可逃風颱門內有網
桂九廈尾用辰戌取宮前沃砵仔礁用甲庚取
鼇壳澳出用子午取蘇尖用辰戌見田仔墘澳
用艮坤取古雷頭用子午取南門澳沃船收入

七

銅山如在古雷頭開船用丑未取洲門雙帆嶼
外南有劒礁一片州門用癸丁丑未取六鼇內
有沙汕沙汕內有一沃名為山仔尾避風颱洲
門用艮坤兼寅申取烏嘴尾用艮坤取將軍沃
用艮坤取鎮海將軍沃用丑未取林進嶼內門
井尾港鼻頭有礁一塊名三消礁外直上名鎮

此張二百一十七字

海寮鎮海鼻頭用艮坤取旂尾蔆穗頭用單壬
取鵝嶼山收旂尾入擔門即廈門往漳州等處
船到鎮海旂尾用艮坤兼寅申取料羅鼻開抄
南流用艮坤兼寅申取北抄北椗用艮坤取磁
頭磁頭用艮坤兼寅申取石圳石圳用丑未取
祥芝頭開有水雞腿礁可看苦匏見底日湖搭

艮方丹 入

出祥芝頭即過身祥芝頭用丑未取平海扢沃
口有媽祖印一塊扢邊俱有礁扢外有礁甚開
生西南平海扢用寅申取南日風南流用用寅
申兼申庚灣流用艮坤抄開有菜瓜坪南流用
乙辛卯酉避鼠尾礁用寅申甲庚取白嶼仔用
寅申甲庚取紡車礁是處用艮坤丑未取墓仔

此張二百一十七字

口口外用艮坤兼丑未取宮仔前草蘋礁身東
東畔礁毋上水礁可防港心礁過妙倚西行勿
東駛宮仔前用子午取古嶼門南流兼癸丁妙烏
礁開澇淺流齊身取三碗芋取貓嶼仔古嶼門
用癸丁取東西落用子午取磁沃後有礁一片
磁沃用癸丁丑未取南交南交用艮坤取白犬

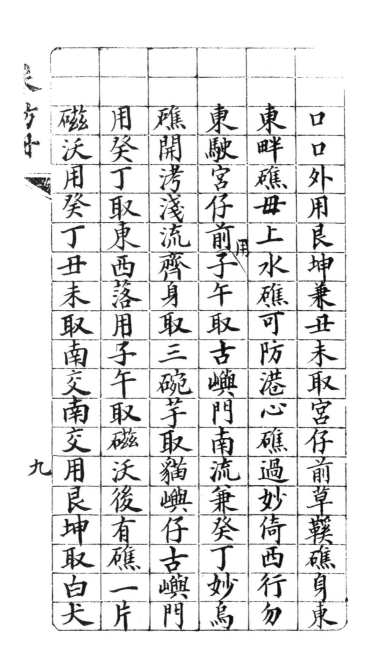

內有七星礁著防黑暗過風之際過了此礁到
白犬可收入福州港內犬用子午取官塘官塘
用壬丙取定海定海四嶼外用子午取王崎鼻
頭在媽祖印四嶼內有礁數塊或倚該嶼腳或
倚大山腳隨勢行舟出了王崎至北菱頭用子
午取小西洋小西洋用丑壬丙取老湖身西有

此張二百一十七字

一沃可避颶風老湖心用子午兼癸丁取鴨池
可避大風不避颶風鴨池用子午兼壬丙取三
沙松山船在松山即入福寗府港在三沙或出
烽火門船可西駛不可東行山脚有沈水礁烽
火門即嵛山門用癸丁取八都港鼻頭有礁一
塊出水生倚八都港用艮坤取北關内是南關

沙埕福鼎縣可避風颶北關用癸丁取金香扣

孟嶼鼻頭崎（倚）有石三塊金香用子午取鹽田開

有八畝礁鹽田用癸丁取琵琶琵琶頭鹽田鼻頭

用丑未取鳳凰山鳳凰山外生在東邊南畔鳳

凰（髻）礁鹽田用艮坤取浪山有一門可過南明用

艮坤丑未取三盤湾流用丑未南流用艮坤三

此張二百一十七字

盤用丑未取坎門外嶼過用艮坤取大鹿門大
山脚有礁一塊南流可防洘流不可防大鹿門
用艮坤兼丑未取雙門大鹿門用艮坤取石塘
洘流用艮坤南流用寅申龍目一對東目身東
東有礁一片離龍目礁二箭之地可防妨石塘
用艮坤取吊邦門吊邦門用癸丁取黌壳沃外

艮方丹　十一

吳言中

鼻頭有礁一塊一片可防生在下山腳南風按

鼻頭用艮坤兼丑未取積谷山南流用艮坤�7

流用丑未積谷用乾巽取馬蹄澳網寅泊船沃

內身西有礁石一塊積谷山用壬丙取川蕉網

嶼鼻頭有沈水礁一片離龍月礁二箭之地可

防妨石塘用離鼻尾有三箭之地早晚可防南

此張二百一十七字

畔大山腳過網嶼澳內南流用子午取山川蕉
山川蕉山用艮坤取塗龍沃半月山東北有沈
礁一片南看積谷山出去西看川蕉離門可防川
蕉用癸丁取楊檳鼻頭川蕉用子午兼癸丁取
柴盤嶼涍流用癸丁南流用子午川蕉用子午
取牛頭門南流用子午涍流用壬丙牛頭門用

十二

子午取花澳牛頭門用艮坤取汲水湾流急不
可出門南流平可出船在四面流用艮坤取土
地公嶼半片爿山門用己亥取牛騎沃用壬丙
去樸獼下有礁三片南流甚急可防過樸獼用
子午取小普陀山門普陀用子午取鴿婆嶼鴿
婆嶼用子午取羊角山羊角山用子午取金定

峙張二百一十七字

門有礁一片離有四箭之地金定門用艮坤兼
丑未取旂頭收入姿港即甯波
臭塗洋面潮汐時刻情形
一赤礁外有兩嶼一名島嶼一名赤嶼西南角有礁
西北角亦有礁赤嶼東南畔無礁潮退有四尋半至
大隊門潮退有三尋半左右水至下經潮退無水潮

十三

漲大流者三尋半水小流有三尋左右水一北綫外
至大小隊内至下經潮退礁現潮漲大流有五丈左
右水小流有一丈左右大隊門不可行船
一小隊門外有半洋礁門中亦有礁三塊潮退皆現
出門内潮退有四丈左右水至港牛礁齊身潮退有
六七尋左右水至南向島嶼脚潮有七八尋左右水

此張二百一十八字

南向島礁潮退現出
一祥芝頭內潮退有七八尋左右水祥芝潮退有一
丈左右水至港牛礁腳潮退有二丈左右水港牛礁
潮退有二丈左右出現
一石湖綫潮漲大流有二丈左右水小流有一丈半
左右水潮退現出

泉州府

廈門往甯波乍浦按邊鍼路

船出大担外開用乙辰一更離海翁綫見烏嘴尾

用單寅一更見北椗外過用寅半更取磁頭離半

更開水退用單艮半更取圳頭半更并用艮坤二

更見大岞用艮坤南風倚汗流帆一更見湄洲外

過用艮坤見平海抱外過用寅一更見南日沃用

此張一百八十七字

甲寅取小南日頭用甲寅取紡車礁用壬丙見小
閩安墓仔前過轉取宮仔前過揀嶼用子午對許
嶼門過上去牛角山過用癸丁一更見慈澳外過
用艮坤丑未見白犬水湾用子午癸丁一更取官
塘內過用子午一更取北茭頭用子午一更見西
洋小外過用癸丑二更見烽火門用癸丑一更見

冬瓜嶼用丑未水退用艮坤取北關內過中門用
艮坤一吏取草嶼外過用艮坤見金香大澳用丑
未見鹽田外過下外有八畝礁見鳳凰外過用艮
寅見拋山門外過外是北杞用艮坤丑未見三盤
門三盤門用艮寅見大鹿大鹿見艮坤見石塘見
用癸丁丑未見吊邦中門又用癸丁丑未見積谷

此張二百三十字

用子午見細仔垵外過用子午見川招外是東西
機對機邊過有小礁對過中門中有礁可防用壬
丙見白帶門山外過用艮坤丑未見鐵丁嶼過用
子午癸丁見汲水門用壬丙己亥見半坪山中門
過用癸丁子午見牛鼻跡用癸丁見青門鼻用子
午對金錠門過用子午見孝順洋中門用丑未見

十六

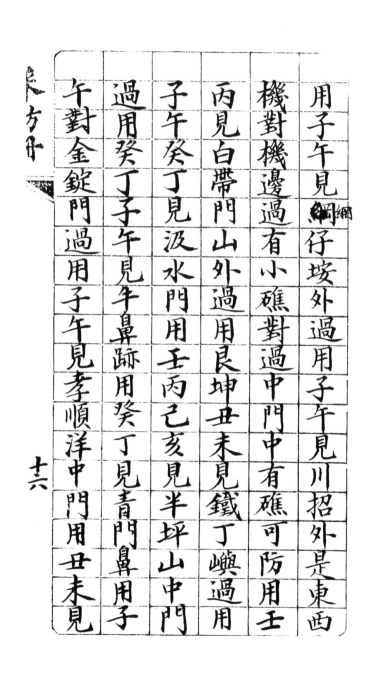

旂頭船駛蛇嶼過取蟳廣沃去是登厝澳用子午
取洋山過用癸丁丑未見大小揖用子午一更久
用壬丙半更久用乾巽一更久可轉辰戌直入甯
波乍浦

廈門往錦川山東遼島天津各處鍼路
金門烏嘴尾開駕用乙卯駛離北椗外過用甲寅及

此張二百一十一字

單寅七更取烏龜外過外用單艮四更取牛嶼外
過用丑艮及單丑三更取東湧外過用單癸三更
取臺外過用丑艮及單丑七更取鳳尾山外過兜
過用子癸三更取魚山內過在鳳尾外過雞一更
開用癸丑三更取魚山外過用單癸及子癸三更
取九山外過原用子癸七更取雨廣外過洋順風放

長房卅　十七

船在兩廣兜用單癸四更用單子十四更用壬子
四更又用單壬六更見馬頭嘴
廈門上北按邊斜鍼路到北關沙埕
出磁頭用丑未癸收崇武
出磁頭用丑艮取大岞
大岞用單艮取湄洲圪

此張一百八十八字

湄洲扢用艮坤並丑未取平海扢

平海扢用寅申取南日

南日用單艮取小南日

小南日南流用單艮湾流用單湾癸取白珍

白珍南流入用單寅湾流出用單丑未取紅嶼仔

紅嶼仔用艮坤丑未取吉兆

吉兆用單子取宮仔前
宮仔前用壬子取烏礁
烏礁用子午取三碗羊
三碗羊用壬子取貓嶼仔
貓嶼仔用癸子取許嶼門
出許嶼門用丑未取白犬

此張一百二十六字

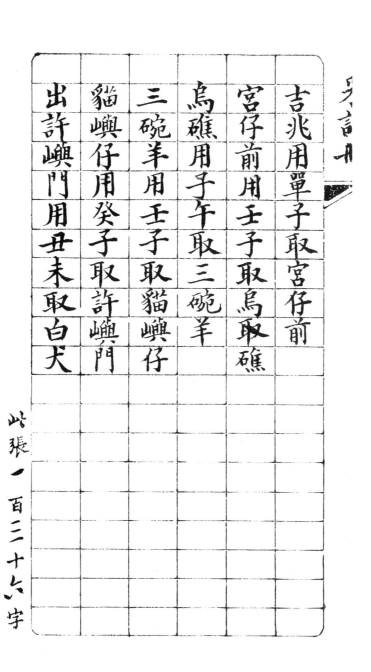

用子午取官塘　官塘用子午取陳姑嶼

陳姑嶼用子午取西洋　西洋用子癸取驢山頭

驢山頭用子午取龍目

龍目用壬丙并巳亥取椶蓑澳過沙埕

上北挨邊逃颱稔澳泉州港起

日湖內　蚶江內　泉州港　白鵝港

十九

[illegible]試冊

獺窟後垵內　崇武後沙沁內　吉烏後垵內

魏港內　興化港內　三江口內　光音內

小長沙內　門槅後後垵內　小萬安內

大邱內　東縣內　大諄內　龍尾內　下橋內

火燒港　望嶼內　海山內　蘇沃內

爛泥沃內　上下路竹港內　福州港內

此張八百六十六字

布袋港內　小埕後垵內　羅遠港內北坪林沃

羅遠港內西南坪下宮　監公內　老湖後內

大鴨池內　福甯府港內　松山港　龜鎮仔內

大小窰澳內　七都內少入　八都內　烽火內

南關三星內

以上各澳口均可逃避颶風

另記冊

各澳風信漲流

南澳新前䑸東北風水漤四分流可行

赤沃䑸北風水漤半可行

靖海䑸北風水漤半可行　海門䑸北風水平流

海門䑸北風水平流可行

錢沃䑸北風水漤平可行

此張一百四十乙字

表頭畝北風水涍平可行
鳳爾畝北風水涍平可行
南澳畝北風水涍二分可行
山頭畝北風水平流可行
雲界寺畝北風水涍半可行
摭藍畝北風水平流可行

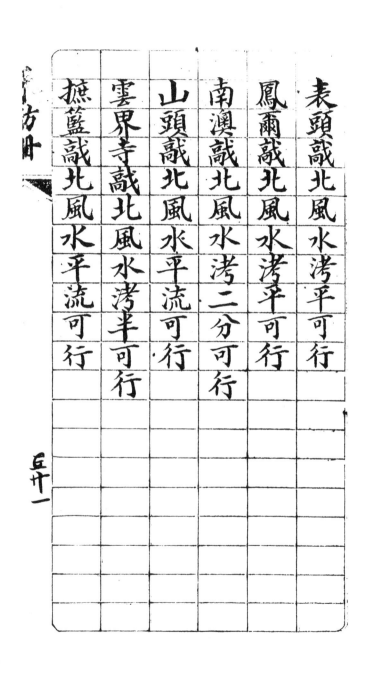

詔安港戧北風水平流可行

懸鐘港口戧北風水洘七分流可行

石丁澳戧北風水洸洘四分流可行

宮仔前戧北風水洘平可行

礐壳沃戧北風水洘七分流可行

田仔墘戧北風水洘七分流可行

張一百四十の字

虎空仔戧北風水洘七分流可行

南門戧北風水半可行

銅山港內戧北風水平流可行

洲門戧北風水洘六分流可行

虎頭山戧北風水洘半可行

綠鼇港內戧北風水平流可行

虎方冊

五廿二

將軍澳港戧北風水涔半可流平流可行（涔半可行）

井尾港內戧北風水平流可行

三霄礁腳戧北風水涔半可行

林進嶼腳戧北風水涔半可行

小鎮海戧北風水涔半可行

鎮海深水沃戧北風水涔半可行

此張一百の十一字

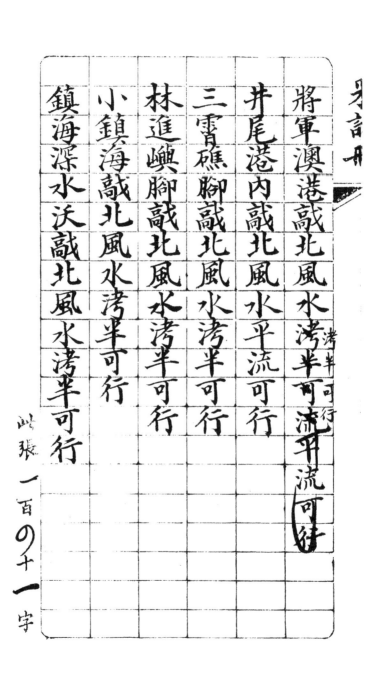

浯嶼深水澳藏北風水湾半可行

大擔深水藏北風水湾半可行

虎仔嶼腳藏北風水湾可行

城仔角深水北風澳藏北風水正漲可行

烏沙頭藏北風水漲三分流可行

大嶝淺水北風澳藏北風水正湾可行

潭口淺水南風澳藏北風水正湾可行

巳廿二

角嶼脚戠北風水正涍流可行

磁頭淺水北風澳戠北風澳戠北風水涍半可行

浚裏深水北風戠北風水涍八分流可行

深滬深水南風涍北風水可涍可行

永甯戠北風水涍半可行

祥芝戠北風水正涍可行

此張一百五十六字

日湖泉港風颱澳戧北風水正洘可行

獺窟深水北風戧北風水正洘可行

崇武深水北風戧北風水洘半可行

牛垵淺水南風戧北風水洘七分流可行

雙頭弄戧北風水漲三分流可行

賊仔澳淺水北風戧北風水洘尾可行

丑廿三

吉鳥澳北風水正灣可行

湄洲澳北風水正灣可行

魏港淺水南風澳北風水正灣正可行

平海深水北風澳北風水灣半可行

象城澳北風水

興化港內深水澳北風水正灣可行

此張一百五十六字

壁頭澉北風水平流可行

三江口澉北風水平流可行

光音澉北風水

大南日澉北風水正漲可行

野馬門澉北風水正湾可行

南盤澉北風水湾正湾可行

方丹

丘廿四

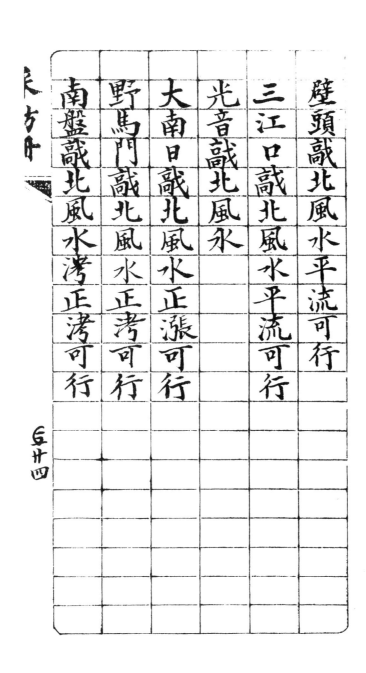

小長沙戧北風水正洘可行

高山布戧北風水正洘可行

門扇後坡戧北風水正洘可行

門扇後戧北風水正洘可行

五宮厝戧北風水正洘可行

小閩安淺水風颱沃戧北風水正洘可行

此張一百三十二字

墓口戙北風水漧四分流可行
雙頭弄戙北風水涔半可行
響尾戙北風水正漲可行
吉柱戙北風水涔尾可行
大邱戙北風水平流可行
東縣戙北風水正涔可行

艮方舟

丘廿五

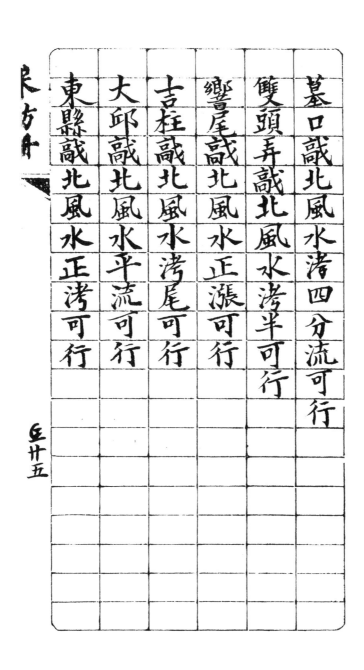

大諄畝北風水正湾可行
龍尾畝北風水正湾可行
下橋畝北風水正湾可行
宮仔前深水畝北風水正湾漲可行
竹嶼深水北風畝北風水漲八分流可行
蘇澳大練畝北風水正湾可行

此張一百二十五字

方丹

許嶼深水北風戧北風水正洘可行
上下淺水北風戧北風水正洘可行
牛角山完戧北風水正洘可行
自澳戧北風水正洘可行
五虎門内浮鷹南北俱戧北風水正洘可行
目嶼仔戧北風水正洘可行

丘廿六

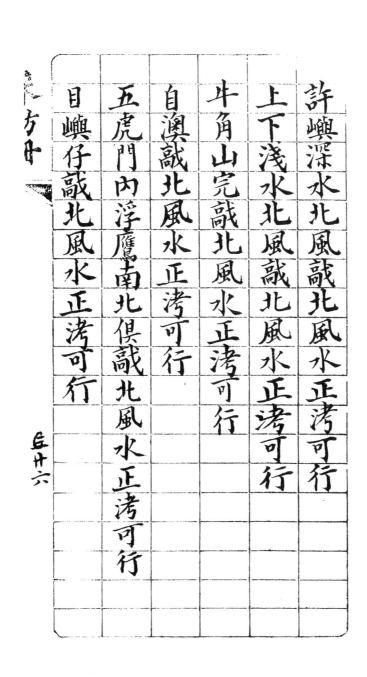

布袋澳戧北風水湾可行
小埕淺水南風戧北風水正湾可行
定海深水北風戧北風水正湾可行
小埕後垵戧北風水正湾可行
赤崎戧北風水正湾可行
白犬外洋戧北風水湾半可行

此張一百五十字

觀塘外洋戧北風水洘半可洘行

王崎深水北風戧北風水洘正可行

北茭頭深水南可行風戧北風水正漲可行

西洋南風戧北風水正洘可行

新婦娘澳戧北風水正洘可行

下府戧北風水正洘可行

反廿七

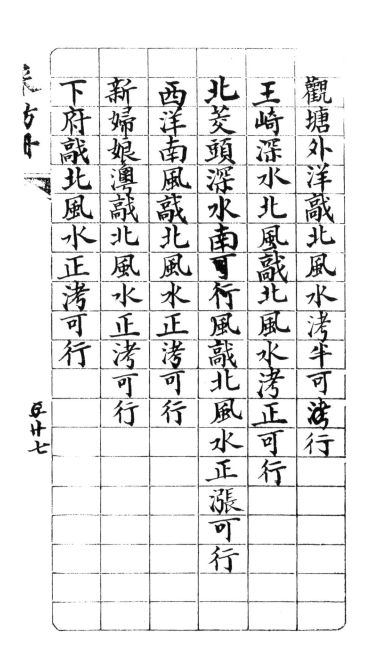

田英澳戠北風水正洘可行

暹田戠北風水正洘可行

驢山田頭澳戠北風水漲七分流可行

驢山五帝廟戠北風水正洘可行

老湖北風外深內淺戠北風水正洘可行

大金戠北風水正洘可行

此張一百五十二字

福建斗米筆架戧北風水正漲可行
三沙北風戧北風水正洘可行
大窟深水外洋南北東防大西北戧北風水正洘
可行
七都戧北風水正洘可行此處少入
八都淺水風颱戧北風水正可洘可行

三十八

彔副十

靖嶼南北西淺水戙北風水可灣可行

棕蓑澳深水北風戙北風水正灣可行

小王崎戙北風水正灣可行

南鎮南風水正灣可行戙北風

沙埕深水東南防大西北戙北風水正灣可行

南關戙北風水正灣可行

此張一百五十四字

北關戧北風水正洘可行

北關戧南風正水洘可行

鎮下內戧南風水正洘可行

南關戧南風水正漲可行

沙埕戧南風水正洘可行

南鎮戧南風水正洘可行

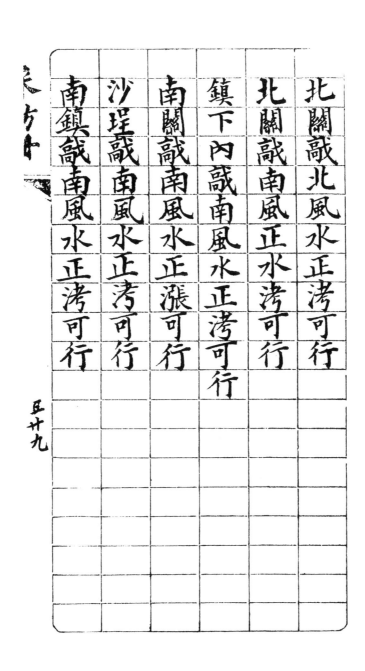

界詳冊

小王崎戠南風洘流尾可行

靖嶼外戠南風水洘半可行

八都外戠南風水正漲可行

七都外戠南風水正漲可行

黿鎮仔戠南風水正漲可行

大窰戠南風水正漲可行

此張一百廿十六字

三沙戧南風水漲正可行
福甯府外南風水正洘可行
福建頭戧南風水漲八分可行
鴨池戧南風水洘尾可行
蜨凹戧南風水正漲可行
老湖戧南風水正漲可行

另記卅

暹田戧南風水漲半可行
田英澳戧南風水漲可行
下府戧南風水正洘可行
新婦娘戧南風水漲尾可行
東青戧南風水正洘可行
東南鶴戧南風水正洘可行

此張一百廿十五字

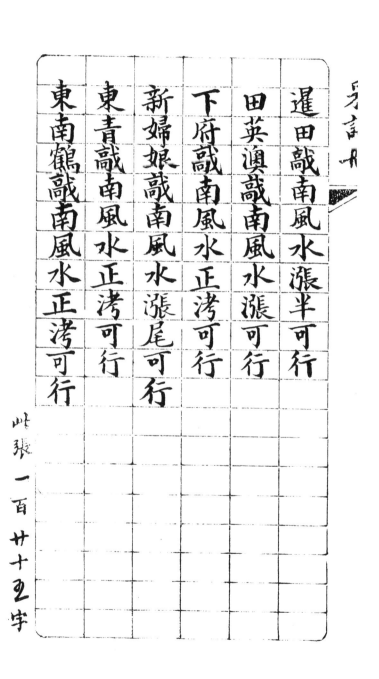

驢山五帝廟戧南風漲流頭可行

驢山後狀元澳戧南風

西洋白馬廟戧西南風水正漲行船

西洋戧南風水漲七分流可行

北茭頭沃內戧南風水澇半可行

北茭頭海外戧南風澳流尾可行

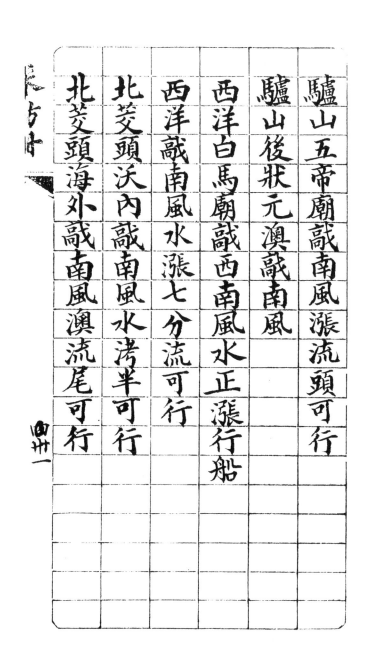

陳姑嶼𧩛南風水正漲可行

王崎後體祺坡𧩛南風涔流尾可行

王崎𧩛南風水涔尾可行

赤崎𧩛南風水涔半可行

小埕後坡𧩛南風水正漲可行

定海𧩛南風水涔尾可行

叫張一百三十九字

布袋澳戧南風水湾半可行

目嶼仔戧南風水湾流尾可行

豹招戧南風水正湾可行

觀塘後垵戧南風水漲七分流可行

觀塘媽祖澳戧南風漲流尾可行

白犬戧南風水正湾可行

自澳後垵䟽南風水正漲可行
牛角山完䟽南風水正漲可行
上下䟽南風水涔半可行
小練後體祺垵䟽南風水正漲可行
許嶼䟽南風水正漲可行
蘇澳內䟽南風水正漲可行

此張一百三十九字

竹嶼箴南風水正洘可行

候猴探水箴南風水正洘可行

宮仔前箴南風水洘三分流可行

吉桂箴南風水洘半可行

響尾箴南風水洘尾可行

塘嶼箴南風水正漲可行

四卅三

雙頭弄戠南風水正漲可行
墓仔前戠南風水正漲可行
小萬安戠南風水正漲可行
五宮厝戠南風水正漲可行
野馬門戠南風水正漲可行
壁頭戠南風水漲八分流可行

此張一百三十一字

小南日戙南風

南日獅寮戙南風水正湾可行

象城戙南風

平海戙南風水湾七分流可行

魏港口戙南風水港（湾）六分流可行

湄洲戙南風水漲六分流可行

吉鳥外戙南風水漲平流可行

小岞後戙南風水漲七分流可行

四卅四

後沙沁畝南風水漲七分流可行

崇武畝南風水漲九分流可行

獺窟畝南風水漲半可行

獺窟後埈畝南風水漲半可行

大墜畝南風水漲半（八分流）可行

日湖畝南風水漲七分流可行

此張一百六十字

祥芝頭澳南風水漲七分流可行
永甯澳南風水漲七分流可行
深滬澳南風水漲七分流可行
浚裏澳南風水漲七分流可行
磁頭澳南風水正洘可行
後嶼仔澳南風水正漲可行

四卅五

潭口㪚南風水漲半四可行
大嶝㪚南風水漲可七分流可行
烏沙頭㪚南風水正湧可行
金門中港㪚南風水正湧可行
前替㪚南風水漲八分流可行
列嶼城仔角㪚南風水正湧可行

此張一百四十字

浯嶼䃭南風水正洘可流行

菱坑䃭南風水漲八分流可行

鎮海䃭南風水漲八分流可行

林進嶼䃭南風水漲八分流可行

井尾港口䃭南風水漲八分流可行

燈火灣䃭南風水漲八分流可行

四卅六

將軍澳戧南風水漲八分流可行
虎頭山烏嘴尾戧南風水漲八分流可行
虎頭山澳戧南風水漲八分流可行
陸鼇港內戧南風水漲八分流可行
杏仔戧南風水漲八分流可行
銅山港內戧南風水漲八分流可行

此張一百五十八字

虎空仔戙南風水漲八分流可行

田仔墘戙南風水漲分八分流可行

澳角戙南風水漲八分流可行

宮仔前戙南風水漲八分流可行

石丁澳戙南風水漲八分流可行

布袋澳戙南風水漲八分流可行

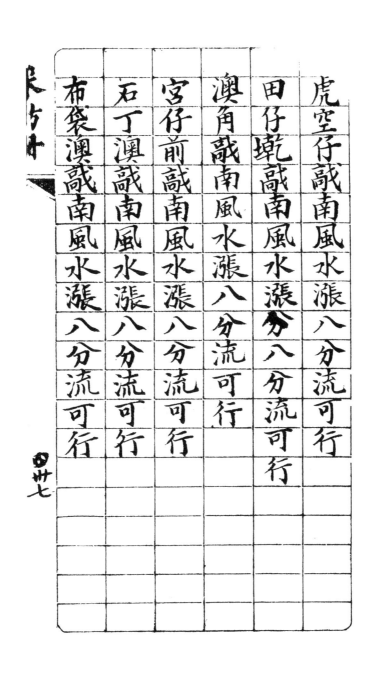

懸鐘港口𡈼南風水漲八分流可行
㧐藍港口𡈼南風水漲八分流可行
雞母澳内𡈼南風水漲八分流可行
南澳沃内𡈼南風水漲八分流可行

此張一百三十七字

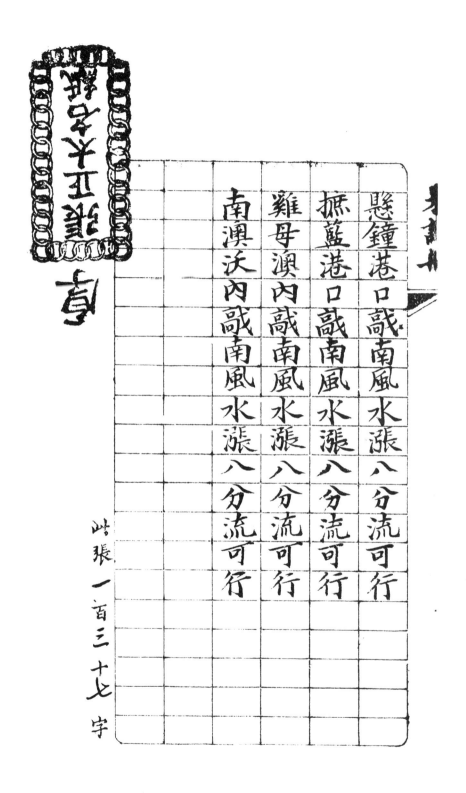

謹錄沿海水途行舟便覽

自交界浙江者福鼎縣之烽火門其內港所入曰秦嶼能容大船自北關台山與浙平陽縣分界南關內沙埕為福鼎港有暗礁秦嶼之棕蓑澳船入小嶼內可避風烽火門營船防守西南則為八都港西逾烽火門則為霞浦縣三沙諸澳八都以下有礁而流急至七都港皆可泊船下為逾山再下有龍目礁左右可過又下有君竹嶼最為險惡惟三沙五澳可泊船福寧鎮左右營防守

四卅八

又西南繞於福甯府內港所入為松山塔為大金為羅湖外逈青嶼而西為東衝其內港所入為甯德之飛鸞渡洋中島嶼有東湧四雙茭杯嶼從嶼門過有暗礁羅湖下屬閩安北風可泊潮退無水對峙芙蓉諸山可碇北到大金所筆架山斗米汛下則大小西洋山門外中及東北皆暗礁景橋澳北風可泊內入鹽田可泊南至馬鼻一潮入甯德港外踰黃灣洋嶼而西則為東鼓其內港所入曰後澳東鼓之西則羅源縣荻蘆門

此張二百二十三字

即北茭汛定海汛下目進嶼仰月茭跡諸嶼相掎角西北有奇達東西洛南為黃嶼澳屬連江有暗礁然

可行泊內有赤嶼亦可避風外有暗礁定海暗北風可泊西去月嶼布袋澳可避風南有四嶼北防小嶼

門中暗嶼礁又有小埕汛長澳可避北風須防樂平沙二髻嶼竹排礁其連江港繞於

福州之連江西為館頭洋中有南北竿塘二山嚮為禁島有境澳可避風下皆濫

泥防脫椗內有七星暗礁西為東岱內入五虎門由虎獨嶼斗金牌烏豬梅嶼雙龜而下至琅琦移駐閩

安右營防守建鳳峬山礮臺以扼要衝又西為大爐十小爐繞於閩縣

四卌九

嘉登里其北岸為琅琦海嶼南岸為長樂縣之广石梅花官井潭港皆有積沙大船難入其內港所入為閩安鎮北轉羅星塔又北為烏龍江為螺洲陽崎江又北支分而入大橋小橋為白馬橋為路通橋為新港與延建邵汀四郡之溪水匯於福州郡垣焉由是而西繞於福清縣治之南其北為海壇鎮其內港所

此張三百三十字

入為海口沙埕礁石險惡舟行不易閩安協管界至磁澳以下屬海壇鎮磁澳門中有礁北有沙汕內潮退無水外取白犬寄椗遇北風不可停泊恐斷椗又其外為東沙亦可寄泊接海壇石牌洋以內有礁船過大練門淺不可近過小練門取鼓嶼惡礁甚有多一由槽匙北勢從大港取鼓嶼防猫嶼外港心礁鼓嶼可泊創出算盤嶼有礁繞西為松霞港透海口入於縣其西為江陰港為興化府之江口橋為搭仔又西平為廢平海衛為之平海澳又西為仙遊之楓亭港出海壇港

四五十

口有竹嶼觀音澳蘇澳可避南風西南不便潮退無水下爲宮前皆多惡礁惟後營山澳內可避風下爲萬安所門扇後俱有暗礁水流甚急又下爲野馬門南日西塞澳南風可泊北風則泊平海上東户澳平海至湄洲皆多礁南風可泊過香嶼爐嶼外有細礁南風潮退甚淺過吉寥舉尾壕埕南有網桁又其西爲青龍橋則內通於惠安縣又其西爲龍潭港夾港寨堡名大小岞澳內水淺有暗礁南風可泊外有香爐海壇界止東南菜子嶼以下屬金門鎮洋汛又其西爲萬安橋所謂洛陽橋是也洛陽橋南

此張三百七十九字

出獺窟為崇武崇武西為蚶江廳其內港所入達於泉州之南門崇武獺窟皆可泊亦多礁入大小隊門西為祥芝與鷓鴣諸汛礟臺相扼要西為永寧澳甚淺多礁惟宮前可泊入西為石圳澳可泊宜防礁過烏得頭北勢為深滬澳可避南風金嶼有半洋礁尤險其西為圍頭其內港所入為晉江縣安橋其西為馬港廳頭圍頭泊船防礁內洋有大小登二嶼其北岸為金門鎮屬同安縣并屬馬港廳其要口為料羅官澳烏紗頭塔仔腳皆有暗礁沙汕之險東口北外洋東碇嶼遠船

以為準西有烈嶼其澳名城仔角東有角東有澳頭沙汕又西有大小擔門二嶼峙船中過有鷹臺
西為埭頭其內港入於同安縣又其西為後溪港為
關潯港皆內入於同安又其西為灌口港渡水曰鷺
島即廈門為水陸之會蓋北自乍浦錦州天津南自
安南東至日本琉球呂宋紅毛葛剌巴洋船之所通
往自隋唐以來其放洋鍼路皆準諸此四方商賈雲

此張三百二十三字

集也廈門屬同安縣水師提督駐此南鼓浪嶼北高崎崎與同安內地潯尾一水之隔高崎東為五通渡與馬港廳之劉五店隔江相望出大擔門東南與金門烈嶼輔車相倚過漳州府之西南其內港所入曰滄海橋石勒港龍江港內有烏嶼王洲福河石碼等處俱屬水師提督營汛分防其北岸為海澄縣海澄島雖在海中其內港所入環抱縣署治其西為龍海橋南為浮南橋率皆內港涉水北港西出鎮門馬

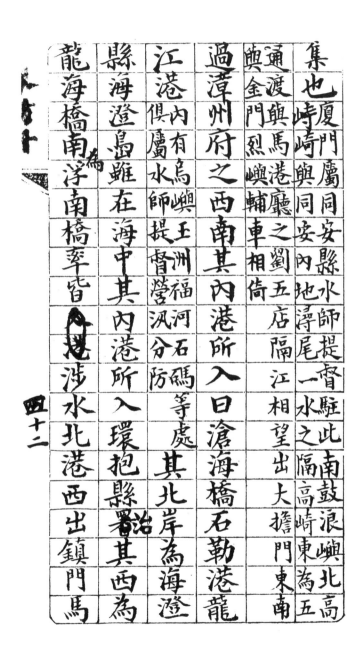

洲西達於漳州府之南門逈府治西為杜潯港大擔門下為浯嶼島美汎前後多礁南為冬瓜嶼外洋有南椗嶼內為太武山與金門北太武山兩塔遙峙洋船望以為準南太武山下有澳可避風防溫泥脫椗再下為定海澳文進嶼井尾港鐙火灣將軍灣虎頭山陸鼇古雷諸汎皆有暗礁可擇澳泊其支分為雲霄廳港又西為八尺門港又西為宮前又西北入於詔安縣之懸鐘港其南至廣東交界止於南澳鎮山渡八尺門即銅安營防守屬漳浦詔安交

此張三百三十二字

界外有甕嶼東門塔嶼港門水急外有礁南汕南有蘇尖東澳外有礁石洋中有柑桔二嶼又南曰宮仔前可泊暗礁及網桁甚多外有虎豹獅象諸嶼出懸鍾港外踰虎仔嶼南有雞母澳可泊內屬廣東饒平縣之柘林大金門外取南澳鎮山有深澳可避東南風若雲雨澳隆澳青澳即須觀風擇泊東有檵嶼礮臺以守其口東南外洋有澎嶼南有落漈水趨下而不回即古所謂弱水也又有南澳氣吸四面之流舟行誤入不能脫矣西南有辭即湖放雞山西通潮[illegible]州澄海達濠甲子等處汛巡交錯洄閩南衝要之區也

此張二百十字

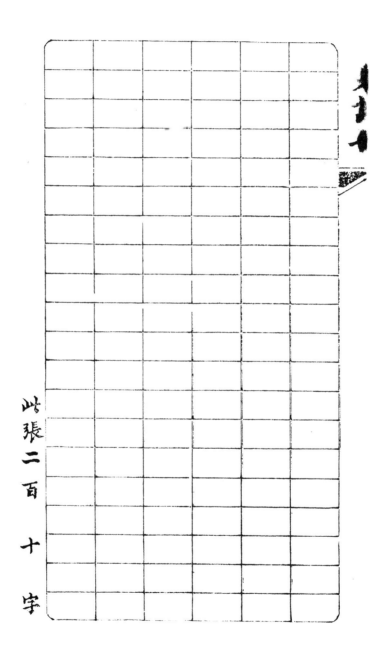

自三江口起至北關止水汛灣澳

水寨係督標水師營輪流千把一員防守

閩安鎮副將一員左右營遊擊二員守備二員千總四員把總八員有城防守鎮口左營輪流

千把一員掛號查驗出入船隻

亭頭係閩安左營輪流把總一員坐帶兵船二隻梅花五虎上下巡哨此澳南北風可拋船東邊

有大爐礁西邊瓦窰下有沈水長礁港中有沈水小爐礁可防係潮水退半其礁現出

館頭 此澳可抛船北風潮水漲八分船出金牌門金牌山上有礮臺寨下港中有破薦礁出去雙

龜門

熨斗澳 係閩安左營汛地配兵船一隻有巡船哨此澳可抛船候潮水漲八分開出有鶴礁船駛此不可近邊須防有沈水暗礁

五虎門 門內澳名為虎尉南北風寄椗候潮滿好風開出門外沄下南邊有沙線北邊有沙線作湧駛船不可近潮水退半大船不可出五虎門恐過沙線

此張二百八十字

定海有城係閩安左營汛地輪流千把一員帶兵船二隻巡哨又輪流遊擊守備一員坐帶兵船四隻分巡北澳北風可拋船澳口雷公礁潮退半現出後澳南風亦好拋船進澳有門中礁潮退船往

黃旗岐過黃冠嶼須防沈水黃冠帶暗礁

黃岐澳有城係陸路連江營把總一員防守水汛係閩安左營把總一員帶兵船一隻哨防北風好拋船澳口有雞母礁澳前有岐黃岐錐礁後潮退半其礁現出潮滿船往北茭出去謹防黃岐錐帶礁沈水明堂礁過去竹排有二髻嶼閩安左營與右營交界

二

北茭有城係陸路連江營輪流千把一員防守水
汛係閩安右營輪流千把一員帶兵船一隻上
下巡哨澳內南風好拋船對面仰月嶼出去野牛
礁
東澳門東澳門係羅源營把總一員防守水汛係
安右營澳內洋面羅源營管轄進去通羅源
縣西礮臺係連江營把總一員防守進去下嶼澳
好拋船躲得颱風澳門外水汛係閩安右營把總
一員帶兵船一隻巡哨
東沖門門外水汛係閩安把總右營把總一員帶兵
船一隻上下巡哨有礮臺係福寧鎮標輪

此張三百五十八字

流千總一員掛號查驗出入船隻内洋是福甯鎮汛地進去官進蒼井洋通甯德縣北港通福安縣

西洋澳海中孤島係閩安右營游擊守備一員輪流坐帶兵船四隻上下分巡此澳南北風寄椗

對面馬鞍嶼洋中有沈水龍舟礁可防若駛船可近大山邊過

羅湖澳係閩安右營汛地防守千總一員帶兵船二隻上下巡哨此澳北風好拋船潮滿開出過草嶼門有沈水暗礁可防

大金澳係閩安右營與烽火交界防守烽火營把總一員帶兵船一隻上下近哨南風北風船可

寄椗若遇暴風船入鴨池澳抛泊躲避　澳口有篙杯嶼有沈水篙杯帶礁可防

三沙澳上有寨係福寧鎮標輪流千總一員防守水汛係烽火營千總一員帶兵船二隻上下巡哨此澳北風有好抛船如潮退船駛出去可近嶼邊出不可近南邊有暗礁

烽火門係有三門中門有沈水暗礁船駛兩邊門可近過

崙山海中孤島係烽火營參將守備一員輪流帶兵船四隻上下分巡南北風船可寄椗對面有八

都港澳內好抛船躲得颱暴暴

此張三百三十五字

嵊嶼有城駐防烽火門參將一員守備一員千總二員把總四員澳內好拋船

屏風嶼潮水退時駛船過嶼不可近嶼邊有沈水暗礁可防

南鎮澳內洋係陸路銅山營管轄進去沙埕汛好拋船躲得風暴

南關係防守烽火營千總一員帶兵船兩隻巡哨烽火營與浙江瑞安營交界對面北關係浙

瑞安營汎地查驗出入船隻

自定海南竿塘起至南澳止水汛灣澳

定海關出南竿塘澳有媽祖廟北風好拋船南風船拋後澳船往白犬過半洋須

防西邊有星礁俟潮退七分打湧　防守係定海汛兵船上下巡哨

白犬嶼　此澳抛船須對犬目寄椗不可犬尾抛下有沈水暗礁

磁澳　閩安左營與海壇汛地交界此澳南北風寄椗係海壇左營汛防輪流千把一員帶兵船二隻上下巡哨　澳前有雨纖沈水暗礁出去須防仙桃礁潮退八分出水

牛角山　船灣泊南風只是寄椗

東西洛　船無灣澳可抛東有烏豬礁西有算盤礁可防

此張三百〇十一字

古嶼門 此澳可抛船門中有沈水九娘礁須防避係海壇左營輪流千把一員帶兵船二隻上下巡哨又左營輪流游擊守備一員帶兵船四隻上下巡哨

石牌洋 中有半洋礁無澳抛船

猴探水 係海壇港口進去是海壇鎮盤大澳南北風好抛船駐防總兵一員左右游擊二員守備二員千總四員把總八員船出入須防北邊有䑸魚礁尚有䑸魚卵暗礁出去分流嶼入

娘宮澳 北風好抛船遇作颱暴收入火燒港好澳門前有沈水暗礁可防出去是沙澳南北風可

五

以寄椗

小萬安澳上有城係福清營輪流千把一員防守水汎係海壇左營輪流千把一員帶兵船

一隻巡哨南北風好拋船能躲風颱須防門中有礁往南可防水車礁

門扇後澳北風好拋船須防門中沈水暗礁過去小南日頭東有沈水菜瓜礁西有沈水草蘖

礁可防

南日大澳係海壇鎮右營汎地輪流千把一員防守帶兵船二隻上下巡哨又右營輪流將

此張三百二十一字

備一員帶兵船四隻分巡西寨北風好拋船又有鱟
壳澳可拋北風澳口有龜嶼
平海澳上有城係陸路興化協左營千總一員防守
水汛係海壇右營輪流千把一員帶兵船一
隻上下巡哨魚此澳大沙澳北風好拋船對面進嶼
東邊有目嶼礁駛船進澳須有媽祖廟現出可過西
邊有沈水暗礁上邊須防豬母礁
蒲禧山上有城係天后娘娘祖居北風可拋船與湄洲
對面門中有沈水暗礁船過可防
湄洲山係天后娘娘祖廟北風船拋磨刀嶼內南風
船拋廟前門中有門坎沈水暗礁船過菜子

六

嶼須防尚書礁係海壇鎮右營汛地輪流千把一員帶兵船二隻上下巡哨

黃崎澳海壇鎮右營與金門左營汛地交界係金門鎮左營把總一員帶兵船一隻防守

岞頭有沈水暗礁船過不可近

崇武澳上有城係陸路提標輪流千把一員防守水汛係金門左營輪千把一員帶兵船一隻上下巡哨又左營輪流游擊守備一員帶兵船四隻上下分巡

北風可抛船東邊有靶齒礁生在龜嶼後可防

此張三百四十五字

塔堀澳　船入澳須防沈水福仔礁又南邊有沈水暗礁去出去是大墜係泉州港口

永寗澳　上有城係陸路提標輪流千把一員防守水汛係全門鎮左營把總一員帶兵船一隻防守北風只是寄椗

圍頭澳　上有寨係陸路提標把總一員防守水汛全門鎮左營與右營汛地交界全門右營輪流千把一員帶兵船二隻上下巡哨船出入須防米墩礁北風船可拋媽祖廟前

遼羅澳　北風可拋船係全門右營輪流千把一員帶兵船二隻上下巡哨　又右營輪流將備一

七

員帶兵船四隻上下分巡謹防東有北椗沙綫北有烏嘴礁又有海翁沙綫可防進去全門鎮營盤駐防總兵一員左右營游擊二員守備二員千總四員把總八員

大擔門媽祖廟前好拋船係廈門水師提標五營輪流將備一員帶兵船五隻上下巡哨進去

廈門水師提督駐紮

梧嶼澳上有城係水師提標中營守備一員帶兵船二隻防守嶼船前須防麥穗礁嶼後有節礁

旗尾澳係鎮海上有城乃陸路漳浦營輪流千把一員防守水汛係全門右營輪流千把一員

此張三百六十字

防守帶兵船綀沙線可防一隻巡哨　北風好拋船開出有南椗
井尾汛係金門鎮右營輪流千把一員帶兵船一隻防守過去將軍澳北風乃可寄椗東邊有八
腳蜘蛛沈水暗礁可防
綠鷰港口是虎頭山係金門與銅山營汛地交界進去綠鵝有城係銅山營輪流千把一員帶兵船
二隻上下巡哨東有菜嶼下去是舟門可拋船
高螺頭北風寄椗船入去由獅珠嶼進港是銅山大澳上有城駐防銅山營參將一員守備一員

千總二員把總四員此澳好拋船出來是蘇尖山腳過東有虎豹獅象四嶼有門可過

宮仔前北風寄椗係銅山營輪流千把一員帶兵船一隻防守又輪流將備一員帶兵船四隻上

下下分巡過去懸鐘澳港內係陸路詔安營千總一員防守港前往南澳半洋須防七星礁銅山營

與南澳汛地左營汛地交界

雞母澳此澳西北角可拋船係南澳左營輪流千把一員帶兵船一隻上下巡哨

南澳澳口有臘嶼船入澳須看山中雲蓋寺開門可入是正港大澳南北風好拋船上有城駐防

此張三百五十一字

總兵一員左營係福建游擊一員守備一員千總二員把總四員　右營係廣東游擊一員守備一員千總二員把總四員　出澳口東邊是福建管轄　西邊是廣東管轄左右二營汛地交界

九

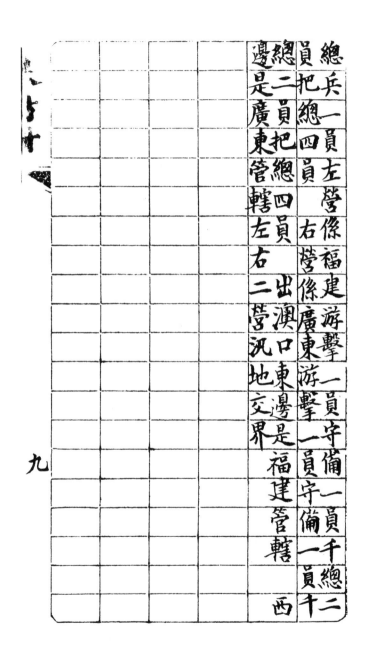

船過澎湖臺灣水汛

北風船拋遼羅澳候看天時好風下午開船放洋鍼用乾巽七更船次早見山收澎湖獅嶼頭

南風船拋鎮海旗尾澳看好天下午放洋鍼用乙辛為準好風七更船次早見貓嶼花嶼收到獅頭嶼係澎湖右營汛地防守輪流千把一員帶兵船二隻上

此張一百七十五字

下巡哨　又右營輪流將備一員帶兵船四隻上下

分巡進去是內灣北風船只好寄椗進港是澎湖媽

祖廟前大澳南北風好拋船山下澎湖協營盤駐防

副將一員各左右營游擊二員守備二員千總四員

把總八員防守汛口輪流千把一員掛號查驗出入

船隻　船往臺灣須看好天五更放洋鍼用壬丙由

十

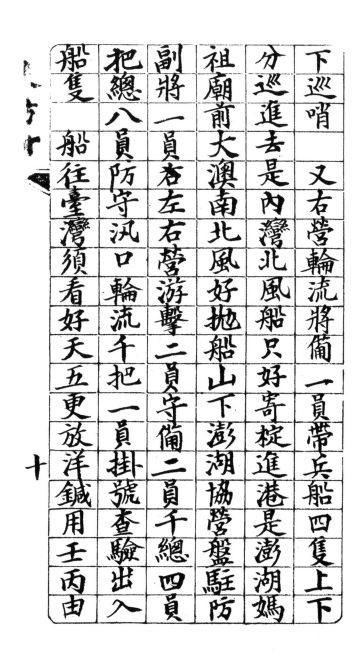

桶盤嶼虎井門金雞嶼將軍澳入罩澳此澳係澎湖
輪流千把一員帶兵船二隻防守又左營輪流將備
一員帶兵船四隻上下分巡　北風船由東吉嶼過
尋看南北招或潮水退到隙仔寄椗候潮長進鹿耳
門有有礮臺防守文武館掛號查驗出入船隻進
港西邊安平鎮水師營盤有城駐防副將一員中左

此張二百三十八字

右三營游擊三員守備三員千總六員把總十二員
臺灣府有木城係陸路駐防總兵一員中左右三營
游擊三員守備三員千總六員把總十二員

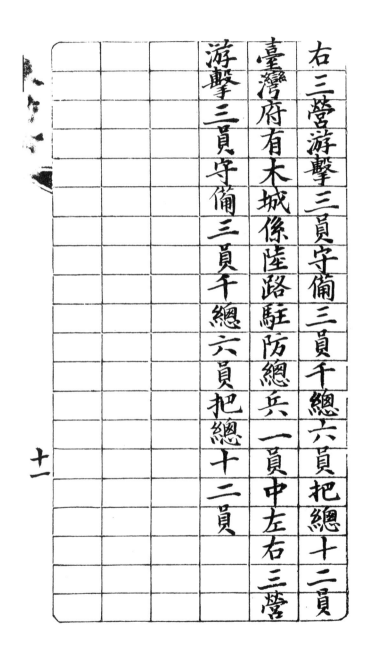

此張　百五十八字

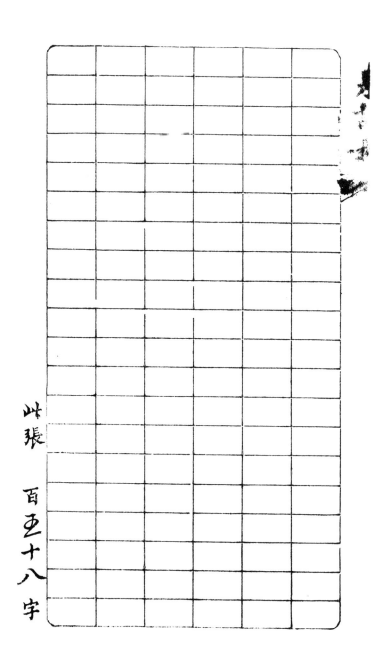

圖書在版編目（CIP）數據

海上絲綢之路文獻集成. 歷代史籍編. 第一輯. 第一卷 / 范金民主編. --福州：福建人民出版社，2023.8
ISBN 978-7-211-08832-4

Ⅰ. ①海… Ⅱ. ①范… Ⅲ. ①海上運輸-絲綢之路-史料-彙編 Ⅳ. ①K203

中國國家版本館CIP數據核字（2023）第072953號

審圖號 GS（2022）1496號 GS（2023）93號
本書有關內容和地圖僅代表作者個人觀點，不代表官方立場。

海上絲綢之路文獻集成·歷代史籍編（第一輯 第一卷）

主　　編　范金民
責任編輯　宋一明
美術編輯　白　玫
出版發行　福建人民出版社
電　　話　0591-87533169（發行部）
電子郵箱　fjpph7221@126.com
地　　址　福建省福州市東水路 76 號
經　　銷　福建新華發行（集團）有限責任公司
印刷裝訂　上海盛通時代印刷有限公司
地　　址　上海市金山區廣業路 568 號
電　　話　021-37910000
開　　本　787 毫米×1092 毫米　1/16
印　　張　320.5
版　　次　2023 年 8 月第 1 版第 1 次印刷
書　　號　ISBN 978-7-211-08832-4
定　　價　4000.00 元（共 10 册）